Hans Sterneder – Das kosmische Weltbild

Hans Sterneder

Das kosmische Weltbild

Geistwissenschaft und Einweihungsweg

Eich-Verlag

Bibliografische Information der Deutschen Nationalbibliothek
Die Deutsche Nationalbibliothek verzeichnet diese Publikation in der Deutschen Nationalbibliografie; detaillierte bibliografische Daten sind im Internet über www.dnb.de abrufbar.

2. erweiterte Auflage 2018

Umschlagfoto: Kwest/Fotolia.de; Chris Harvey/Fotolia.de
Umschlaggestaltung und Satz: Thomas Eich
Printed in Germany

Besuchen Sie uns auch im Internet:
www.eich-verlag.de

ISBN 978-3-940964-44-1

Inhalt

Zeit höchsten geistigen Bewußtseins

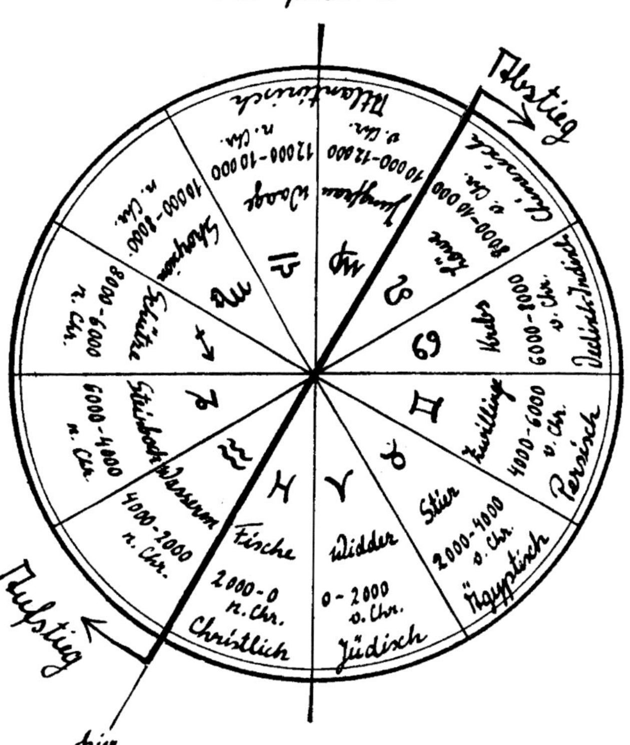

hier
stehen wir heute

Zeit tiefster geistiger Unwissenheit

Das kosmische Weltbild meiner Dichtung

In den Frühzeiten der Menschheit waren die Völker der Erde noch ganz in Natur und Himmel eingebettet, in die zwei lebenspendenden, tragenden Mächte des Alls. Da die Menschen ganz im geistigen Urgrund wurzelten, konnten die materiellen und technischen Dinge sie nicht versklaven wie heute, waren sie von einer derart tiefen Naturverbundenheit und demzufolge von einer Feinhörigkeit und Feinfühligkeit, wie sie in unseren Tagen nur mehr die Kreatur besitzt.

Sie fühlten das Lebendige der Erde und des Himmels, und aus diesem Lebenszustand heraus die Weisheit und das göttliche Gesetz: die große Harmonie des Alls.

Und so wie sie den Atem der Erde und des Himmels fühlten, so fühlten und schauten sie das Leben in den Geschöpfen von Stein, Pflanze, Tier, Mensch und Stern und sahen sowohl deren wie ihre eigene Abhängigkeit von den geistigen Kräften des Makrokosmos und des Mikrokosmos und das Wunder der All-Einheit.

Und aus diesem Lebensgefühl heraus wussten sie Den, Der all dieses Lebens Schöpfer, Baumeister, Lenker und Erhalter ist und ihr erster Ausgang und ihr letzter Eingang: – Gott!

Ihr Gotterleben war nicht (wie dies heute bei uns der Fall ist) ein übernommenes und bloß gedachtes, sondern ein lebendiges und bewusstes, demzufolge es für sie auf Erden nichts Höheres gab als die Gottheit.

Ihr ganzes Dasein war darauf gerichtet, diese Gottheit nicht zu erzürnen, nicht gegen sie zu verstoßen und mit ihr in Eintracht und Harmonie zu leben.

So sind auf Erden dortmals (wie frühe Menschenkunden berichten) jene gesegneten Zeiten gewesen, in denen Gott buchstäblich auf Erden weilte, mitten zwischen seinen Geschöpfen lebte und die Menschen im edelsten Sinn „Kinder Gottes" waren.

Damals blühte auf Erden der „Gottesstaat".

Von diesen Frühzeiten haben wir einen letzten, überirdischen Abglanz in dem von Liebe und Ehrfurcht getragenen einstigen Sonnenstaat Peru, in welcher Völkergemeinschaft sich Religion und Sozialismus in jener wunderbaren Einheit befanden, wie in den ersten Jahrhunderten des Urchristentums, in denen die gottdurchdrungene All-Liebe ihre Welt regierte.

In jenen Frühzeiten ist es auch gewesen, in denen die Völker der Erde ihr bewusstes Gotterleben und Lebenswissen an die Scheibe des Himmels schrieben. Denn sie entdeckten, dass der Lebensweg aller Kreatur aus 12 Stufen besteht und diese den 12 Ständen der Sonne am Himmel entsprechen. Diesem Wissen zufolge teilten sie den Himmel in die 12 Tierkreisfelder.

Darum dienten all ihre Künste, ob Architektur, Bildhauerei, Malerei, Dichtkunst oder Musik nur dem einen und einzigen Zweck: der Verherrlichung und Lobpreisung Gottes und der verschleierten Aufzeigung des geheimen, göttlichen Sinnes des Lebens. Jede Kunstform war dortmals nur eine andere Art von Gottesdienst. Alles Kunstschaffen war eine sakrale Handlung.

In jenen Frühzeiten gab es keine profane, weltliche Kunst. In diesen gottgeeinten, gottgetragenen und im vollen kosmischen Lebenswissen stehenden Frühzeiten entstanden jene gigantischen, nie mehr erreichten Kulturvermächtnisse, die bis zum heutigen Tage die höchsten Geistschätze der Menschheit sind: der Völker-Tierkreis, die indischen Upanishaden der Veden, der babylonische Gilgamesch, der persische Zend-Avesta, das Ägyptische Totenbuch und die Cheops-Pyramide, das peruanische Sonnentor, die nordische Edda und ihre geheimnisumhüllten Runen, Moses' Pentateuch und die vier Evangelientiere.

In späteren Zeiten tragen noch eine Anzahl abendländischer romanisch-gotischer Dome, das Nibelungenlied und die Gralssage das kosmosophische Urwissen in sich. Dreimal schimmerte es in der Neuzeit noch auf, wie das geheimnisvolle Licht eines fremden Sterns, das nicht mehr unserer Welt zugehört, in Dantes Göttlicher Komödie, Goethes Faust und Wagners Parsifal.

Alle diese Schöpfungen sind gewaltige, kosmische Preislieder an die Gottheit in Stein, Holz oder Schrift. Aber in allen diesen sakralen Kunstformen ist das Natur- und Lebens-Erkennen: also Gott-Wissen in einer nahezu undurchdringlichen, getarnten Symbolkunst geoffenbart. All diese erwähnten, sakralen Kunstvermächtnisse sind gleichsam Gralsschalen, die in sich das ewige Menschheits-Urwissen tragen, oder anders gesagt, das ewige Wort der Gottheit an die Menschen.

Von diesem kosmischen Geistwissen waren auch noch ein Jakob Böhme, ein Newton, Kepler und Paracelsus durchdrungen. Sie alle wissen uns eine durchseelte, durchgeistigte Natur und einen lebendigen Gott zu schenken, sie alle halten ihn in ihren Händen und geben uns noch das gewaltige Gnadengeschenk der All-Einheit alles Lebens, welcher der heilige Franz von Assisi in seinem Sonnengesang so rührend schlichten Ausdruck gab und zu der die christlichen Mönche Eckehart, Seuse und Tauler und Giordano Bruno sich so flammend bekannten.

Dies war die von hohem Gottlicht erfüllte, gnadenreiche, heilige Hochzeit der Menschheit.

Versunken ist längst diese naturverbundene, alldurchdrungene, gottnahe Hoch-Zeit. Versunken und begraben von den trüben Lavamassen des Materialismus. Ausgelöscht haben die Menschen selbst die heiligen Opferaltäre Gottes und an deren Stelle aufgerichtet die trüben Baalsstätten der Anbetung des Goldenen Kalbes.

Und je mehr die Menschheit sich aus der lebendigen Bindung mit Gott und dem All löste, umso mehr sank sie in Gottes-Ferne und Natur-Ferne, also Lebens-Ferne.

So war das Endergebnis: Stoffwahn, gesteigerte Ichsucht, Macht- und Besitzgier.

Ihr Fluch: die völlige Herausgerissenheit aus der Harmonie mit dem Unendlichen und die Disharmonie mit allem und mit sich selbst.

Aus den weltlichen Kunstformen der Gegenwart bricht nicht mehr jene gewaltige, elementare Magie, die uns bis in die Grundfesten unseres Wesens durchschauert, uns bis in alle Höhen des Himmels emporreißt, denn es fehlt ihr das, was jener Frühkünste heimliebster und unsterblichster Lebensboden ist: das bewusst Sakrale!

Denn alles Lebens Urgrund, ob im Edelstein, in der Pflanze, im Tier, Menschen, Engel oder Gestirn ist die ewige Gottheit. Sein Geist durchflutet und trägt das All; Sein Geist eint alle Kreatur der Schöpfung; in Seinem Geist ist nur wahres Wissen, Ordnung und Friede.

Wer darum das höchste und letzte Wort aussagen will, durch die Formen der Kunst über das Leben, der muss vom kosmischen Allgeist reden, also: Der muss von Gott reden.

Fragen wir uns nun, wieso die Menschheit in den letzten Jahrtausenden derart vom Gottgeist abirren konnte, trotz der herrlichen und strahlenden Religion des Christentums, der Religion der All-Liebe, und wie es möglich war, dass trotz dieser lichten Religion die Menschheit in die tiefste, materialistische Finsternis einsank, so ist daran ebenso wenig die christliche Lehre schuld, wie auch nicht die mit aller Gewalt im letzten halben Jahrtausend hereinbrechende, materialistische Wissenschaft. Genauso wie im November und Dezember, also in den Monaten des starren und lichtlosen Winters, nicht die Pflanzen schuld sind, dass sie nicht wachsen, blühen und in Lebensfülle stehen.

Sondern die Ursachen der winterlichen Erstarrung der Pflanzen ist der Stand der Sonne am Himmel.

Und ebenso ist an diesem herbstlichen Abfall der Menschenseelen von Gott, dem Verlieren des lebendigen und bewussten Gotterlebens, also an dieser seelischen Erstarrung der Völker, der Himmel die Ursache!

Wie ist das zu verstehen?

Wir wissen, dass die Sonne, der Herr alles physischen Lebens auf der Erde, das Geschöpf der Allgottheit ist, weshalb die alten Germanen in zwingender Richtigkeit nicht die Sonne, sondern der Sun, also der Sohn sagten. Durch ihre verschiedenen Tief- oder Hochstände innerhalb ihres 365-tägigen scheinbaren Weges über den Himmel und die sich daraus ergebenden verschiedenen Wärme-Energien bestimmt sie nicht nur in der gesamten Pflanzenwelt deren Werden, Sein und Vergehen, sondern diese Licht-, Wärme- und Lebensenergien beeinflussen gleichzeitig in sehr einschneidender Weise auch das Gefühl, also das Seelenleben des Menschen, indem jeder von uns im frühlingsfrischen April und im sonnenkraftgeladenen Juli wesentlich andere Daseinsempfindungen in sich trägt als im kühlsanften September oder im neblig trüben November und eisigen Januar.

Die großen Eingeweihten aller Völker der Erde aber wussten und kündeten uns noch ein Zweites von dieser Sonne: nämlich, dass sie auch der Beeinflusser und Gestalter des menschlichen Geistes sei.

Wie vermag sie das?

Diese großen Seher der Frühzeiten künden uns, dass dies durch den wirklichen Weg der Sonne über den Himmel geschähe.

Dieser wirkliche Weg der Sonne um das Himmelsrund, den ich ein „**Sonnenjahr**“ nennen will, währt 25 920 Jahre, oder 12 mal 2 160 Jahre. Denn das ist die Zeit, welche die Sonne zur jeweiligen Durchwanderung eines Tierkreisfeldes braucht.

Zum leichteren Überblick wollen wir für die Durchwanderung eines Tierkreisfeldes 2 000 Jahre ansetzen und für das Große Sonnenjahr somit rund 24 000 Jahre.

Sowohl die alten Seher vor ungezählten Tausenden von Jahren als auch die modernsten Physiker, Prof. Planck und Sir Oliver Lodge, sind nun darin einig, dass alles in der Schöpfung, ob in einem Atom oder einem ganzen Himmelsfeld von Millionen von Gestirnen, strahlende Schwingung ist.

Und diese frühen, kosmischen Seher wussten zum andern, was unsere materialistische Wissenschaft noch nicht weiß: – dass unser Himmelsrund nicht aus einer Schwingung besteht, sondern aufeinanderfolgend aus zwölf verschiedenen Schwingungen, die zwölf verschiedene Geistenergien aus den einzelnen Feldern in den Weltenraum strahlen.

In der Zeit von ungefähr je 2 000 Jahren, in denen die Sonne in einem Tierkreisfeld steht, saugt sie wie eine riesige Linse die Geistenergie des betreffenden Tierkreisfeldes an und sendet sie auf die Erde.

Und so, wie durch die eigene Wärme-Energie der Sonne das körperliche Leben und das Gefühlsleben von Kreatur und Mensch auf Erden bestimmt wird, bestimmt sie mittels der Geist-Energie des betreffenden Himmelsfeldes den geistigen Zustand der Menschheit.

Es herrscht also immer 2 000 Jahre lang eine bestimmte, dem betreffenden Tierkreisfeld eigene, Geisthaltung auf der Erde.

Die Zyklen der Menschheitskulturen vollziehen sich somit in zweitausendjährigen Tierkreis-Äonen.

Diese unerhörte Behauptung, dass das Geistleben der Erdenvölker abhängig und bestimmt ist von der Strahlung des jeweiligen Tierkreisfeldes, in welchem die Sonne steht, will ich durch die Religionen der größten Kulturvölker der Erde aufzeigen.

Über 8 000 Jahre vor Christi Geburt hinaus verliert sich die Menschheit aber in ein derartiges Dunkel, dass wir ihre Religionen und Kulturen nicht mehr verfolgen können.

Es stehen uns also von heute an gerechnet nur rund 10 000 Jahre, das sind fünfmal 2 000 Jahre, somit fünf Tierkreis-Äonen, für unsere Betrachtung zur Verfügung.

Was für eine winzige Zeitspanne das ist, wird uns klar, wenn wir hören, dass der indische Sternenkatalog von Surya-Shiddhanta mehr als 58 000 Jahre zurückliegt, Plato in seinem

Timäos von 120 000 Jahren als der letzten im Gedächtnis der Menschheit aufbewahrten Spur der Atlantier spricht und nach der Berechnung der Brahmanen die sanskritischen Castras sieben Millionen Jahre alt sind.

Und dabei müssen wir wissen, dass diese ganze Frühgeschichtsforschung der Menschheit, so unfassbar uns dieses heute erscheint, kaum 150 Jahre alt ist!

Vor dieser Zeit war noch keine ägyptische Hieroglyphe entziffert, war noch kein Sanskritwort der indischen Veden übersetzt. Erst durch diese ungeheure Tat der Ägyptologen und Indologen ist die schwere Dunkelheit, die über diesen fernen Jahrtausenden lag, aufgehellt worden und bricht uns aus diesen frühen Menschheitsbezirken ein Licht entgegen von einer derartigen Gewalt, das uns so blendet, dass wir es noch nicht voll zu erschauen und zu erfassen vermögen. Und je mehr wir uns mit diesem Geistschatz befassen (der uns aus Religionen und Kulturen entgegenleuchtet), umso mehr nehmen wir mit Staunen etwas wahr, das die ganze Theorie von der Entwicklung der Menschheit völlig umwirft und auf den Kopf stellt.

Die Entwicklungstheorie behauptet nämlich, dass die Menschheit aus dem Dunkel der Primitive steigt und im Laufe der Jahrtausende sich emporschwingt zu immer ungeheureren Höhen geistiger Entfaltung.

Diese frühgeschichtlichen Studien aber zeigen uns, dass die Geistkultur der Menschheit (je tiefer wir in den Grund der Jahrtausende hinabsteigen) uns mit immer größerer Vollkommenheit entgegendringt, so dass jede spätere Zeit und Kulturepoche nur ein Abstieg und ein immer mehr und mehr verblassender Abglanz ist.

So bricht die Schrift der ägyptischen Hieroglyphen aus der dunkelsten Finsternis mit einer derartigen Vollendung und völligen Abgeschlossenheit heraus, dass die Schriftzeichen um die Zeit Cheops schon schwerfällige Krücken sind.

Und ebenso ist es in Indien.

Wir sehen daraus, dass der Geistweg der Menschheit gerade umgekehrt verläuft und sie von ihrer gigantischen Geist-Licht-Höhe immer mehr ins Primitive hinabsinkt.

Denn die philosophischen Erkenntnisse der Neuzeit sind, gemessen an dem Geistgut jener fernen Frühe, geradezu primitiv.

Betrachten wir nun die Tierkreis-Äonen, so ist das früheste Äon, das unserem Geiste aus schwerstem Dämmerdunkel heraus noch halbwegs erfassbar ist, jenes der Zeit von 8 000 bis 6 000 vor Christus oder 10 000 bis 8 000 Jahre von heute an.

Dortmals stand die Sonne im Tierkreiszeichen Krebs. Es herrschte über der Erde also das Krebs-Äon und die Sonne goss auf sie die geistige Energie des Krebsfeldes.

Die Seher der Menschheitsfrühe haben bei der Durchforschung des Lebens gefunden, dass der Krebs bei dem wirklichen Gang der Sonne über den Himmel das letzte Feld ist, welches das Wissen vom Urgrund des Geistes noch ausstrahlt und durch die Sonne auf die Erde schickt und die Menschheit mit dieser letzten Höhe wahren Gottmenschentums erfüllt.

Fragen wir uns nun, warum die Frühväter diesem Feld den Namen Krebs gaben, so ist das nur zu begreiflich. Denn der Krebs ist das einzige Tier, das, wenn es vorwärtskommen will, nach rückwärts geht.

Denn trotzdem das Licht der Hoch-Zeit

des Geistbewusstseins in der Menschheit noch überwiegend vorhanden war, leitete das Krebs-Äon durch die im Tierkreis vorwärtsschreitende Sonne doch schon den Rückgang, also die Schwächung, des geistigen Bewusstseins ein.

Durchforschen wir nun die Geistschätze der Erde, so sehen wir, dass das Wissen der ewig unveränderbaren Urgrundgesetze der Schöpfung aus keinem Geistgut so gewaltig klar und tief bricht, wie aus den heiligen Veden der Inder.

Dieses heilige Wissen der Veden in den Upanishaden ist das älteste Wissen um die göttlichen Lebensgesetze, das aus den Zeiten der atlantinischen Gottessohnschaft noch erhalten geblieben ist.

Was vor dieser Zeit war, geht ins Chinesische und Atlantische hinein und ist unserem Geiste nicht mehr erfassbar. Wir können aus dem Titanenschatz der indischen Veden nur ahnen, wie gigantisch der Geistschatz und wie nahe dem Göttlichen die Atlantier gewesen sein müssen, wenn das hohe Kulturvolk der Mexikaner, die von ihnen gelehrt wurden, sie die „Weißen Götter“ nannten.

Im selben Maße, als die Sonne auf ihrem wirklichen 24 000-jährigen Weg aus dem Krebsfeld in die darauffolgenden Felder tritt, nehmen die kosmischen Geist-Energien immer mehr ab und muss das geistige Licht der Menschheits-Erkenntnis mehr und mehr verblassen und sich verdunkeln.

Verfolgen wir nun ihren Weg, so sehen wir diese Annahme deutlich in den weiteren Religions-Kulturen der Völker der Menschheit bestätigt.

Vom Tierkreisfeld Krebs sinkt die Sonne in das Tierkreisfeld Zwillinge.

Das war die Zeit von 6 000 – 4 000 vor Christi Geburt.

In diesen zwei Jahrtausenden bestimmte Gottes Wille, dass das iranische Volk der Perser den Geistlichtstrahl des Tierkreisfeldes Zwillinge am intensivsten aufnahm und ihm durch den Mund Zarathustras in seinem Zend-Avesta Ausdruck verlieh.

Warum aber nennen die Frühzeitmenschen dieses Tierkreisfeld Zwillinge?

Es sind beim besten Willen aus jenem gewaltigen Sternenfeld nicht im Entferntesten die Umrisse einer Zwillingsfigur herauszulesen.

Der Grund für diese Benennung liegt in der geistigen Kraft dieses Feldes.

Das Sonnenrad beginnt, nach Verlassen des Krebs-Bereiches, sich aus den Lichthöhen der Geistigen Welt dieses Zeichens zu lösen und in die ersten schwachen Schatten der Irdischen Welt, also stofflichen Denkens, hinabzusteigen.

In diesem Zwillings-Feld trifft und mischt sich das Licht der Geistigen Welt mit den ersten Schatten der Irdischen Welt.

So ist dieses Tierkreisfeld ein zweigespaltenes Feld, das Feld des zweifachen Lichtes: des Zwie-Lichtes, also des Zwillings.

Und zweigespalten ist um jene Zeit die geistige Erkenntnis der Menschheit auf Erden: Das einst noch kristallklare Gottgeistwirken der vedisch-indischen Krebs-Epoche beginnt leise zu verblassen und ist nur mehr ein Ahnen jener Königswelt des Geistes, denn die Menschheit ist schon überhaucht von dem ersten materialistischen Schatten des Zwillingsfeldes.

Das wussten die großen Seher und der persische Religionsstifter jener Zeit sehr genau und so verliehen sie ihrer Religion das Doppelgesicht dieser tragischen Zwillings-Weltenstunde, indem sie ihre Religion zweipolig schufen und in sie den lichten Gott Ormuz (als Sinnbild des Geistes und des Geistigen Urgrundes) und den finsteren Gott Abriman (als Sinnbild des Stoffes und der Irdischen Welt) stellten, um damit auszudrücken: Wir Menschen der Zeit, in welcher die Sonne im Tierkreisfeld Zwillinge steht, sind Kinder des zwiegespaltenen Lebens, die den Geist in aller Schöpfung noch ahnen, von den Schatten des Stoffes aber schon erfasst sind. –

Und weiter stieg die Sonne vom Himmel herab in den folgenden zwei Jahrtausenden von 4 000 – 2 000 vor Christi Geburt und stand im Tierkreisfeld, das man Stier nennt.

Wieder war es ein Volk auf Erden, das diesen von der Sonne angesogenen Stierstrahl des Himmels aufnehmen und ihm in seiner Religion umfassendsten Ausdruck verleihen musste: das Volk der Ägypter, das (wie ich früher schon erwähnte) im 8. – 6. Jahrtausend vor Christus einen so ungeheuren geistigen Hochstand hatte, dass er jenem der vedischen Inder völlig gleicht.

Und weiter nahm mit dem Herabstieg der Sonne von der Himmelshöhe die geistige Verdunkelung der Menschheit auf Erden zu.

Ich will hier betonen, dass selbstverständlich die großen Seher und Eingeweihten der Völker mit ihrem flammenden Promethiden-Geist zu allen Zeiten in den geistigen Urgrund der Schöpfung zu steigen vermochten und das heilige Urwissen in sich hüteten.

Der Geist des breiten Volkes jedoch wurde mehr und mehr von den von Tierkreisfeld zu Tierkreisfeld sich zusehends verdunkelnden

Schatten überdeckt. Ihr einstiges kosmisches Geistwissen schwand zunehmend aus ihrer Vorstellung – ebenso wie die Pflanze im umgekehrt laufenden Jahresring stets nur das zu leben vermag, was der Hoch- oder Tiefstand der Sonne ihr zwingend gebietet.

Das Zwielicht des Zwillings ist in diesem Stier-Äon voll verblasst und demzufolge erlosch in der Menschheit das letzte, bewusste, kosmische Geist-Wissen, erlosch also auch das Ahnen des gottgeistigen Urgrundes aller Schöpfung.

Das dunkle Tierkreisfeld des Stieres legte über die Augen der Menschen die Binde des Truges, der Täuschung, den Schleier der Maya. Kaum mehr wandte der Mensch seinen Sinn zum Himmel: zur Geistigen Welt, völlig war er gebeugt zur Erde, zum Reiche des Stoffes.

Dieser schweren Tragik, durch welche die Menschheit zufolge des ewigen Willens des Himmels gehen musste, gaben die Religionsstifter jener Zeit dadurch Ausdruck, dass sie diese Epoche das „Äon des Stieres“ nannten, weil der Stier das beste Sinnbild ist für diese stoffzugewandte und an den Stoff gebundene Welten-Zeit der Menschheit.

Denn der Stier hat seinen Kopf ständig zur Erde gerichtet, er hebt ihn fast nie zum Himmel empor, und der Stier (sowie das von ihm stammende Rind) war jenes Tier, mit dem der Mensch der damaligen Zeit alle irdisch-materiellen Verrichtungen und Hegungen des Stoffes vornahm, ob es das Pflügen, das Heimfahren der Lasten oder das Austreten der Körner aus den Ähren war.

Und um auszudrücken: „Wir Ägypter dieser Zeit sind Kinder der über uns schattenden, materialistischen Stoffwahn-Epoche“, stellten sie in den völlig mit Gold ausgeschlagenen Tempel von Theben einen Stier, den uns allen bekannten Apis.

Das besagt aber nicht, dass das einst so hohe Volk der Ägypter derart ins Niedere gesunken war, dass es ein Vieh anbetete und ihm göttliche Verehrung erwies, sondern seine eingeweihten Priester wollten damit aus tiefstem, kosmischem Wissen heraus ausdrücken: Wir wissen, dass wir Kinder des Stier-Äons sind und über unserer Zeit die Tragik des völligen Einsinkens des Menschheits-Geistes in die Materie und den Stoffwahn-Glauben steht. –

Und weiter sank das Sonnenrad in das nächste Tierkreisfeld, das wir unter dem Namen Widder kennen.

Es war die Zeit von 2 000 vor Christus bis ungefähr zu Christi Geburt.

Das Volk, das den suchenden Strahl dieses Himmelsfeldes aufnehmen musste, zufolge des ehernen Gesetzes des ewigen Entwicklungsweges der Menschheit, waren die Juden.

Um auszudrücken, unter welcher kosmischen Strahlung sie lebten, trugen ihre Priester zu beiden Seiten ihres Kopfschmuckes das goldene Widdergehörn, aßen sie zu Ostern ein Lamm (also das Kind des Widders) und war es streng verboten, dem Lamm einen Knochen zu brechen. Und selbst noch Christus (der aus dem Widder-Äon in das Äon der Fische tritt) spricht das seltsame, ein wenig befremdliche und doch so tief symbolische Wort: „Ich bin das Lamm Gottes, welches hinwegnimmt die Sünden der Welt."

Das heißt also: Ich (der ich am Ende der Widder-Zeit stehe und die Fische-Zeit einleite) bin gleichsam aus der Widder-Zeit herausgebrochen, also ein Kind des großen Welten-Widders: – das Lamm!

So verstehen wir dieses Wort des großen Menschensohnes, denn für diesen Himmelssohn wäre sonst wohl eher das Wort passend gewesen: „Ich bin der Löwe der Wüste“, oder: „Ich bin der Adler der Lüfte, der das Licht des Vaters bringt“, nicht aber: „Ich bin ein einfältiges, hilfloses Lamm.“

Wir sehen somit, dass sein Vergleich nichts mit einem irdischen Lamm zu tun hat, sondern mit dem großen, himmlischen Tierkreiszeichen Widder. Denn Christus war kein schwacher Mensch, der sich schlachten ließ wie ein wehrloses Lämmchen, sondern er (als Gottessohn) war ein Titan, ein Gigant des Geistes und der Macht.

Und zu unserem Tierkreiszeichen zurückkehrend: Was lasen die Eingeweihten und Seher jener Zeit für ein Gesetz aus dem Himmel, dem sie durch all diese Widder- und Lamm-Symbole Ausdruck verliehen?

Es ist nicht schwer, dies zu ergründen.

Eine Menschheit, die nicht mehr vom lebendigen Gott-Geist-Wissen getragen und durchdrungen, sondern ganz vom Stoff gefangen ist, kann im weiteren Niedergang (dem Niederstieg der Sonne am Himmel entsprechend) vom Materialismus nur noch zum Egoismus, von der Stoffliebe nur noch zur Ich-Liebe, also der Ichsucht hinabsinken.

Und so legten sich, aus dem Tierkreiszeichen Widder kommend (in dem die Sonne in diesem Äon stand), die schweren Finsternisse der Ichsucht über die Erde und die Menschheit.

Und wir verstehen nun, warum die frühen Seher der Erde jener Tierkreisepoche der blinden Ichsucht den Namen „Widder" gaben.

Denn der Widder ist das einzige Tier, das, wenn es sich in Gefahr befindet, vom Trieb seiner Ichbehauptung derart erfüllt ist, dass es blindlings selbst vor dem Abgrund nicht Halt macht.

Ebenso kennt der Ichsüchtige nur sich und sein Ziel. Und er ist davon so ganz erfüllt, dass er in unerbittlicher Rücksichtslosigkeit alles, was ihm im Wege steht, zur Seite stößt und sich hemmungslos in die tiefsten moralischen Abgründe stürzt.

So sehen wir, dass die jüdischen Eingeweihten und Priester diese himmelgewollte Weltentragik der Menschheit gar nicht erschütternder und besser ausdrücken konnten als durch die Verwendung dieser Widder-Insignien in ihrem Religionskult. –

Überblicken wir nun den geistigen Weg der

Menschheit vom 8. Jahrtausend vor Christus bis zur Geburt Christi oder den Weg der Sonne vom Krebs über den Zwilling und Stier bis zum Widder, so sehen wir einen ununterbrochenen Niedergang der Menschheit.

Fassen wir zusammen, so ergibt sich:

Im Krebs hatte die Menschheit noch das volle, kosmische Gottgeist-Wissen.

In den Zwillingen verblasste dieses Wissen, da es vom materiellen Strahl dieses Feldes bereits überschattet wurde.

Im Stier wird das Gottgeistwissen völlig verdunkelt und versinkt die Menschheit ganz in den Stoffwahn.

Im Widder kommt zur Stoffgebundenheit noch die volle Ichsucht. –

Und nun sank die Sonne auf ihrem 24 000-jährigen Weg über das Himmelsrund in das am tiefsten gelegene Feld der „Fische".

In der Menschheit ist voller, geistiger Winter geworden. Auf ihr liegt der geistige Tod, wie über der Erde der stoffliche Winter liegt. Eine spätere Zeit wird einmal diese zwei ersten christlichen Jahrtausende das „Äon des Todes" nennen.

Denn, wer nur Stoff glaubt, nur von Besitzgier erfüllt ist, wer in seinem Innersten nur das Ich kennt und somit bar ist der bewussten, lebendigen Gottesliebe und Menschenliebe, der ist ein lebendiger Leichnam, ein dämonischer Mensch und liegt mit seinem Geiste im Grab der Materie.

Zu Beginn dieses geistigen Winter-Äons der Fische, das sich in unseren Jahrzehnten seinem Ende zuneigt, wird Christus geboren.

Er schenkte der Welt seine Erlöser-Lehre vom Reich des Vaters, also der Geistigen Welt, als dem Urgrund alles Seins und jedes wahren Menschentums und von der All-Liebe, als dem Schlüssel jeder Erlösung. Er gab der Welt das begrabene „Ewige Licht" des Gottgeist-Wissens wieder.

Aber er wusste genau, in welch tragischer Weltenstunde die Menschheit stand und dass er die tiefste Fische-Finsternis ebenso wenig unvermittelt in helles Geistlicht verwandeln konnte, wie der Monat der Wintersonnenwende über Nacht sich nicht in die strahlende Zeit des Hochsommers verwandeln kann.

Denn in der Schöpfung gibt es keine Sprünge. Die Natur ist gebunden an das eherne Gesetz schrittweiser, organischer Entwicklung. Darum sprach er das bitter resignierende Wort: „Und es kam das Licht. Und das Licht schien in die Finsternis, aber die Finsternis hat es nicht begriffen."

Wohl steht seine Lehre seit zwei Jahrtausenden in der westlichen Welt, aber die Menschen können sie (aus den Todesschatten des Fische-Äons heraus) nicht erfassen und verwirklichen. Sie ist nur „Licht in der Finsternis", ohne dass die Menschen, zufolge der Finsternis, ihm lebendig nachzuleben vermögen.

Wohl haben wir zum andern große Geister, wie Dante, Wolfram von Eschenbach, Goethe, Leonardo da Vinci, Beethoven, aber auch sie sind nur „Licht, das in die Finsternis scheint!"

Weder die Religion Christi noch die Geistestaten dieser Lichtsöhne vermögen die Menschheit wirklich zu verwandeln und zu Gottessöhnen, zu Geschwistern der All-Liebe, zu machen.

Denn zu groß ist noch die Todesstarre, die vom Fische-Feld her auf die Erde strömt.

Die Wahrheit dieses Zeitalters des „geistigen Todes“ ist nicht Gottesehrfurcht, nicht Geistwissen und nicht die Bruderliebe, sondern die Wahrheit dieser Zeit ist die Stoffliebe, die Besitzgier, der Machthunger und die Ichsucht.

Das unschuldige Ideal dieser Zeit ist der Fuß des Fußballers und die Faust des Boxers. Das niederträchtige und abgefeimt satanische Ideal dieser Zeit aber ist die Erstickung der Seele, der Raub der Individualität und die prickelnde Lust der Weltzerstörung.

Es ist Satans-Zeit, Todes-Zeit auf Erden! Das Tierkreiszeichen Fische sagt es uns deutlich: Der Fisch ist das Tier der dunklen Tiefe, der Lichtlosigkeit, des Grabes.

Und wir verstehen nun, warum diese unsere christliche Zeit „Fische-Zeit“ heißt!

Im Ring des „Erdenjahres“ ist das Fische-Feld das zwölfte Feld, das den Tierkreisring endet.

Die Fische sind somit das Symbol des Endes.

Das Ende des körperlichen wie des geistigen Lebens aber ist der Tod.

Wir stehen also im eisigen Bannkreis des geistigen Todes. –

Aber Christus spricht als Verheißung und ewige Zielsetzung für eine lichtere Zukunft in dieses Todes-Äon der Fische hinein das ewig erlösende Wort: „Liebe Gott über alles und deinen Nächsten wie dich selbst."

Mit diesen zwei Geboten wäre die völlige Erlösung der Menschheit durchzuführen, hätten wir alle das hilflose Gestümper von Völkerbünden und Weltkongressen nicht nötig, denn in diesen zwei Sätzen liegt die Weisheit der ganzen Schöpfung. Sie umschließen das heiß ersehnte Eiland des ewigen Friedens.

Es sind genau dieselben Worte, die vor 10 000 Jahren aus den indischen Veden aufglühten, dieselben Worte, die den peruanischen Gottesstaat trugen, die den christlichen Frühgemeinden ihre Seligkeit gaben. Es sind die Worte der Ewigkeit!

Mit ihnen ließe sich die Menschheit verwandeln, aber die Verwirklichung dieser Erlösungsworte des Heilandes ist im Fische-Zeitalter noch nicht möglich, da der Todesbann dieses Tierkreisfeldes es nicht zulässt.

Das Erwachen zum wahren gottgeistigen Leben ist ebenso wenig möglich, wie es den Pflanzen in den Monaten größter Lichtlosigkeit und Winterstarre nicht möglich ist, zu blühen. Die Menschheit liegt im Grabe und kann darum die ewige Gott-, Geist- und Liebeslehre Christi noch nicht erfassen.

Sie muss die bitteren Erfahrungen der geistigen Lichtlosigkeit, also der Gottferne und der Geistgefangenschaft durchmachen zu ihrer Läuterung und für ihre neue, kommende Auferstehung. –

Schon die alten Ägypter haben dieses tragische Fische-Feld im Ring des 24 000-jährigen Sonnenjahres das „Grab“ und die von ihm auf die Erde scheinende Sonne das „Totenlicht“ genannt.

Dass die zwei Jahrtausende europäischen Christentums unter dem tragischen Zeichen der Fische stehen, das hat sowohl Christus selbst wie die Kirche eindeutig ausgedrückt.

Christus wählte seine Apostel nicht aus den verschiedenen Handwerker- und Berufsständen, sondern er holte alle seine Apostel ausnahmslos aus dem Stand der Fischer. Und drückte damit aus, dass seine Lehre, die sich auf seine Apostel stützt, unter dem Schatten des Tierkreisfeldes Fische stünde.

Die Kirche setzte dieses heilige kosmische

Wissen fort, indem sie dem Hirten der christlichen Gemeinde, dem Bischof, den Fischer-Ring gab, auf sein Haupt die Fischmaulmütze setzte und den Fisch in die frühchristlichen Grabsteine meißelte. Und selbst in der Kirchenarchitektur der gotischen Dome begegnen wir dieser Bezugnahme auf die Fische im Fischblasen-Ornament der Chor-Rampen.

So ist die Menschheit unserer Zeit zusammen mit der Sonne bis in die tiefste Tiefe gesunken, dorthin, wo der Tod haust und jenes größte und heiligste Mysterium alles Seins: – die Verwandlung und Überwindung des Todes!

Denn der Erkennende weiß, dass es keinen Tod gibt! Dass in jener heimlichen, lichtlosen Tiefe der Tod sich in neues Leben **verwandelt**.

Und so stehen wir heute am Wendepunkt, wo die Grabeszeit der Fische sich in das kosmisch-geistige Bewusstsein des Wassermanns umformt.

Damit sich dieses kosmische Gesetz verwirklichen kann, muss die heutige verdorbene Menschheit weggebrannt werden, denn sie ist nicht in der Lage, nach dem wassermannischen Geist zu leben, zu zeugen und die Nachkommen heranzubilden.

Diese ungeheure Reinigung und Umschmelzung der Menschheit vermag nur das Feuer aller Feuer, der kosmische Sintbrand.

Ob dieser Sintbrand, der die Menschheit in unvorstellbarem Maße dezimieren und verwandeln wird, ausgelöst wird durch das höchst bedeutsamerweise grade in der Endzeit der Fische entdeckte Atom oder durch große kosmische Einstürze oder ungeheure vulkanische Erdfeuerausbrüche, das liegt bei Gott.

Zwingende Tatsache aber ist, dass der Sintbrand in der Mitte-Zeit von Fische und Wassermann kommen wird und muss.

Gott hat die Schöpfung auf die Gesetze der Ordnung gestellt. Eines dieser Urgesetze ist die Bipolarität, also das Gegenüber der Kräfte, das sich die Waage hält und dadurch die ewige Harmonie gewährleistet.

Schauen wir nun, was diesem Sintbrand im Sinne der kosmisch-göttlichen Ordnung gegenübersteht, so sehen wir, dass es der Bezirk zwischen Jungfrau und Löwe ist. Und wir müssten also in dieses Gebiet das Geschehen der Sintflut setzen.

Was aber lehrt uns nun dieses gewaltige Erleben und Erkennen des Menschenweges aus dieser Bahn der Sonne durch den Tierkreisring?

Dass wir die Hände in den Schoß legen sollen, da ja doch alles von „oben“ gestaltet wird, so wie das Leben der Pflanzen im Jahresring der Erde?!

Nein! Denn wir sind keine schlummernden Pflanzen!

Wir sind Menschen und wir sind, um mit den Worten des Apostels Paulus zu reden: Götter!

Und als Menschen und Götter wissen wir in der tiefsten und finstersten Winterstarre des Erdenjahres, dass es die Glückseligkeit des hohen Sommers gibt und dieser Sommer immer wiederkehren wird, weil die Sonne in der längsten Nacht der Wintersonnenwende sich neu erhebt, aufersteht und aus dem Grab der Todesstarre steigt.

Was wird jetzt also mit der Menschheit werden? Wohin führt ihr Weg? Der Menschheitsgeist, der im Grabe liegt, der also ganz vom Stoffwahn umhüllt ist, kann nicht mehr tiefer sinken, er kann nur auferstehen aus dem Grab, so wie das Leben der Pflanzen, nachdem es in der Finsternis der Wintermonate lag, aufersteht im neuen Frühling.

Diese ersten neuen Ansätze der geistigen Auferstehung: der Überwindung der Materie und des Egoismus werden nun im kommenden Wassermann-Äon kommen, das dicht vor den Toren unserer Zeit steht, denn die 2 000 Jahre des christlichen Fische-Zeitalters sind nahe ihrem Ende.

So wie das Leben der Pflanze nach den Wintermonaten der neuen Lebenssonne entgegendrängt (indem die Keime aus der Erde steigen), so wird allmählich die Rückkehr der Menschen zu Gott und das ständig stärkere Hineindrängen in die Geistige Welt beginnen und sich immer gesteigerter fortsetzen, durch fünf mal 2 000 Jahre, bis die Menschheit nach 10 000 Jahren von jetzt an gerechnet sich wieder in höchster Wesensfreiheit, lebendigstem Geistwissen und innigster Gottvereintheit befinden wird.

Warum heißt nun diese Zeit der kommenden 2 000 Jahre Wassermann?

Wir wissen, dass der Wassermann jener Mensch ist, der im heißen Orient den Durstigen die erquickenden Wasser aus seinem Schlauche reicht, damit ihr lechzendes Verlangen nach Labung Erfüllung findet.

Ebenso wird die Sonne in diesen kommenden zwei Jahrtausenden zum „himmlischen Wassermann“, der den vom Materialismus und der Ichsucht vertrockneten Seelen, die nach der Wahrheit des Menschseins: nach dem gottgeistigen Leben lechzen, die „Wasser des Himmels“ bringt: – das Wissen, dass nicht der Stoff, die Materie, das Wirkliche und der Sinn des Lebens ist, sondern der Geist und der Schoß dieses Geistes: – Gott!

So ist das Gesetz der Wassermann-Zeit also die Abkehr vom Stoffglauben und die erste Wiederhinwendung zum Urgrund aller Schöpfung: Zum Geist und zu Gott!

Und ist es nicht mehr als wundersam und zeigt es uns nicht geradezu überwältigend das weise Walten Gottes in Seiner Weltenordnung, dass die Einleitung dieser großen Menschheitsverwandlung – diese Abkehr vom verweslichen Stoff und die erneute Hinwendung zur Geistgründigkeit aller Schöpfung – sich gerade in unseren Tagen (am Ende des Fische-Zeitalters) vollzieht, und zwar durch die Entdeckung und Ergründung des Atoms!?

Dieses winzigste Partikel der Schöpfung – das der zehnmillionste Teil eines Millimeters ist – hat bereits das materialistische Weltbild zerschlagen (das sich wie eine Riesenlast auf unsere göttliche Seele gelegt hat) und hat in diesen unseren Tagen schon das neue, das kosmisch-geistige Weltbild heraufgeführt!

Denn das Atom hat den Forschern gezeigt, dass es überhaupt keine Materie an sich gibt!

Sondern dass alle Materie einzig nur dadurch

vorhanden ist, dass die Teilchen der Elektronen und Protonen in immerwährender Bewegung um einen Atomkern kreisen – genau so wie die Planeten um die Sonne – und dadurch den ersten stofflichen Baustein der Schöpfung bilden.

Und dass aus diesen unsichtbaren Bausteinen sich aller Stoff, alle Materie, jeder Körper aller irdischen Geschöpfe zusammensetzt.

Damit diese Teilchen um den Atomkern kreisen können, bedarf es aber einer Kraft. Da es aber Kraft an sich nicht gibt – und erst recht nicht eine ewige Kraft und schon gar nicht eine intelligente Kraft – so müssen wir einen Erzeuger dieser Kraft annehmen, und dieser Erzeuger kann nur der GEIST sein!

Denn nur der Geist hat bewusstes Wissen und klaren Willen in sich! Kraft an sich aber ist unbewusst.

Hören wir, was der größte deutsche Physiker und Atomforscher, Geheimrat Professor Planck, schon vor Jahrzehnten auf dem Gelehrtenkongress in Florenz sagte:

„Meine Herren, als Physiker, also als Mann, der sein ganzes Leben der nüchternsten Wissenschaft, der Erforschung der Materie diente, bin ich sicher von dem Verdacht frei, für einen Schwarmgeist gehalten zu werden. Und so sage ich Ihnen nach meinen Erforschungen des

Atoms dieses: Es gibt keine Materie an sich! Alle Materie entsteht und besteht nur durch eine Kraft, welche die Atomteilchen in Schwingung bringt und sie zum winzigsten Sonnensystem des Atoms zusammenhält.

Da es im ganzen Weltall aber weder eine intelligente noch eine ewige Kraft gibt – es ist der Menschheit nie gelungen, das heißersehnte Perpetuum mobile zu erfinden –, so müssen wir hinter dieser Kraft einen bewussten intelligenten Geist annehmen.

Dieser Geist ist der Urgrund aller Materie.

Nicht die sichtbare, aber vergängliche Materie ist das Reale, Wahre, Wirkliche (denn die Materie bestünde, wie wir gesehen haben, ohne diesen Geist überhaupt nicht!), sondern der unsichtbare unsterbliche Geist ist das Wahre!

Da es aber Geist an sich allein ebenfalls nicht geben kann, sondern jeder Geist einem Wesen zugehört, so müssen wir zwingend Geistwesen annehmen.

Da aber auch Geistwesen nicht aus sich selber sein können, sondern geschaffen worden sein müssen, so scheue ich mich nicht, diesen geheimnisvollen Schöpfer ebenso zu benennen, wie ihn alle alten Kulturvölker der Erde früherer Jahrtausende genannt haben: – GOTT!

So sehen Sie, meine sehr verehrten Freunde, wie in unseren Tagen, die nicht mehr an den Geist als den Urgrund der Schöpfung zu glauben vermögen und darum in bitterer Gottesferne stehen, gerade das Winzigste und Unsichtbare es ist, das die Wahrheit wieder aus dem Grab materialistischen Stoffwahnes heraufführt und die Welt verwandelt. Und wie das Atom der Menschheit die Tür öffnet in die verlorene und vergessene Welt des Geistes." –

Ich setze abschließend zu diesem kosmisch-geistigen Weltbild, das im Wassermann-Äon nun wieder heraufkommen wird, mit all seiner Macht, Herrlichkeit und seinem Glanz, noch dieses hinzu:

Als Gott einst die Welten und das Leben schuf, konnte Er alle Lebensformen des Pflanzen-, Tier- und Menschenreiches nur geistig schaffen! Denn Gott ist reiner Geist und es kann von Ihm somit nur reiner göttlicher Geist ausgehen!

In den Urzeiten war die ganze Schöpfung auf Erden genau so vorhanden wie heute.

Doch war sie nur geistig vorhanden!

Die Geschöpfe waren reine Geistwesen und erst viel später hat es Gott gefallen, dass diese Geistwesen (welche die Wahrheit und Wirklichkeit der Gottesschöpfung sind) sich mit den aus Atomen geschaffenen Stoffkörpern umhüllten.

Diese Stoffkörper aber sind nicht das Wirkliche der Geschöpfe!

Sie sind nur ihre Hülle, ihr Haus, sie sind nur ihre vergänglichen Spiegelbilder. Diese stofflichen Körper sind nichts anderes und ganz dasselbe, was für uns Menschen die Kleider sind.

Im selben Maße, als die Sonne auf ihrem 24 000- jährigen Gang über den Tierkreis immer mehr in materielle Felder trat, ist der Geist der Menschen zunehmend verdunkelt und vom Stoffwahn gefangen worden; hat er immer mehr das Wissen von der Urgründigkeit der Geistwesen verloren und das stoffliche, sterbliche, verwesliche, zu Staub zerfallende Spiegelbild des Leibes für die Wahrheit und Wirklichkeit der Geschöpfe gehalten. Damit aber hat er sich auch mehr und mehr von Gott entfernt.

In diesem gleichen Maße aber, als der Mensch die Wahrheit des Lebens: das Geist- und Gottwissen verloren hat, ist er immer zerrissener, erdgefesselter, disharmonischer und chaotischer geworden, bis er in jene entsetzliche Finsternis einsank, in der er heute lebt und welchen Zustand die alten Ägypter „das Grab“ nannten.

Wohl liegen wir derzeit noch im Grab des Fische-Zeitalters, in der Finsternis des den Lebensgeist verleugnenden Stoffwahnes und der Gottferne – aber verheißungsvoll beginnt in diese Finsternis bereits ein Licht zu leuchten, das Licht der nahen Wassermannzeit.

Denn das Atom beweist die Geistige Welt als Urgrund aller Schöpfung.

Wir stehen heute nahe dem Beginn des neuen Zeitalters. Und so wird Gott der Menschheit für diese Tierkreiszeit wieder einen Lehrer geben, wie er es all die Äonen vorher tat.

Dazu könnte diesmal nun, nach dem Gesetz der Bipolarität, die Frau bestimmt sein. Denn 12 000 Jahre hat das männliche Gehirn geherrscht und hat der Menschheit nicht das Höchste, nämlich den Frieden zu bringen vermocht, sondern nur Kampf, Zerstörung und Leid.

Und so wäre es durchaus denkbar, dass die Frau in den kommenden Äonen zu jener hohen Sittlichkeit erhoben wird, durch die Gott wird. Und sie vor den Männern wieder in jener hohen Achtung steht, dass ihr seherisches Wort deren Gesinnung und Lebensführung bestimmt. Und sie durch diese hindurch die Geschicke der Völker im Sinne des göttlichen Willens lenkt.

So wird sie aus der Kraft ihres Herzens den Geist, der mit dem Wassermann beginnenden kommenden Äonen, verwirklichen und der Menschheit den Frieden bringen und dadurch die Vereinigung mit Gott.

Der Geist als Urgrund aller Schöpfung

Und was wird jetzt mit der Menschheit? Wohin führt ihr Weg? Der Menschheitsgeist, der im Grabe liegt, der also ganz vom Stoffwahn umhüllt ist, kann nun nicht mehr tiefer sinken, er kann nur auferstehen aus dem Grab, so wie das Leben der Pflanzen, nachdem es in der Finsternis der Wintermonate gelegen hat, aufersteht im neuen Frühling.

Diese ersten neuen Ansätze der geistigen Auferstehung, der Überwindung der Materie und des Egoismus werden nun im kommenden Wassermannäon kommen, das dicht vor den Toren unserer Zeit steht, denn die 2 000 Jahre des christlichen Fischezeitalters sind nahezu zu Ende.

So wie das Leben der Pflanze nach den Wintermonaten der neuen Lebenssonne entgegendrängt, indem die Keime aus der Erde steigen, so wird allmählich die Rückkehr der Menschen zu Gott und das immer stärkere Hineindrängen in die Geistig Welt, das Reich Gottes, beginnen und sich immer gesteigerter fortsetzen, durch volle sechs mal 2 000 Jahre, bis die Menschheit nach 12 000 Jahren, von jetzt an gerechnet, sich wieder in höchster Wesensfreiheit, lebendigstem Geistwissen und innigster Gottvereintheit finden wird.

Warum heißt nun diese Zeit der kommenden 2 000 Jahre Wassermann?

Wir wissen, dass der Wassermann jener Mensch ist, der im heißen Orient den Durstigen die erquickenden Wasser aus seinem Schlauche reicht, damit ihr lechzendes Verlangen nach Labung Erfüllung findet.

Ebenso wird die Sonne in diesen kommenden zwei Jahrtausenden zum „himmlischen Wassermann", der den vom Materialismus und der Ichsucht erstickten Seelen, die nach der Wahrheit des Lebens: nach dem gottgeistigen Leben lechzen, die „Wasser des Himmels" bringt: das Wissen, dass nicht der Stoff, die Materie die Wahrheit und der Sinn des Lebens ist, sondern dass die Wahrheit des Lebens der Geist ist und der Schoß dieses Geistes Gott!

So sind der Sinn und das Gesetz der Wassermannzeit also die Abkehr vom Stoffglauben und die erste Wiederhinwendung zum Urgrund aller Schöpfung: zum Geist und zu Gott!

Und ist es nicht mehr als wundersam und

zeigt es uns nicht geradezu überwältigend das weise Walten Gottes in Seiner Weltenordnung, dass die Einleitung dieser großen Menschheitsverwandlung – diese Abkehr vom verweslichen Stoff und diese erneute Hinwendung zur Geistgründigkeit aller Schöpfung – sich gerade in unseren Tagen – am Ende des Fischezeitalters – vollzieht und zwar durch die Entdeckung und Ergründung des Atoms!?

Dieses winzigste Partikel der Schöpfung, das der zehnmillionste Teil eines Millimeters ist, hat bereits das **materialistische** Weltbild zerschlagen, das sich wie eine Riesenlast auf unsere göttliche Seele gelegt hatte, und hat in diesen unseren Tagen bereits das neue, das **kosmische** geistige Weltbild heraufgeführt!

Denn das Atom hat den Forschern gezeigt, dass es überhaupt keine Materie an sich gibt!

Sondern dass alle Materie einzig nur dadurch vorhanden ist, dass die Teilchen der Elektronen und Protonen in immerwährender Bewegung um einen Atomkern kreisen – genauso wie die Planeten um die Sonne – und dadurch den ersten stofflichen Baustein der Schöpfung bilden.

Und dass aus diesen Bausteinen sich aller Stoff, alle Materie, jeder Körper aller irdischen Geschöpfe zusammensetzt.

Damit diese Teilchen um den Atomkern kreisen können, bedarf es aber einer **KRAFT**. Da es aber Kraft an sich nicht gibt und erst recht nicht eine ewige Kraft und schon gar nicht eine intelligente Kraft, so müssen wir einen Erzeuger dieser Kraft annehmen und dieser Erzeuger kann nur der **GEIST** sein!

Denn nur der Geist hat bewusstes Wissen und klaren Willen in sich! Kraft an sich aber ist unbewusst.

Hören wir, was der größte deutsch Physiker und Atomforscher Geheimrat Prof. Plank schon vor Jahrzehnten auf dem Gelehrtenkongress in Florenz sagte:

„Meine Herren, als Physiker, also als Mann, der sein ganzes Leben lang der nüchternsten Wissenschaft, der Erforschung der Materie diente, bin ich sicher von dem Verdachte frei, für einen Schwarmgeist gehalten zu werden. Und so sage ich ihnen nach meinen Erforschungen des Atoms dieses: Es gibt keine Materie an sich! Alle Materie entsteht und besteht nur durch eine Kraft, welche die Atomteilchen in Schwingung bringt und sie zum winzigsten Sonnensystem des Atoms zusammenhält.

Da es im ganzen Weltenall aber weder eine intelligente noch eine ewige Kraft gibt – es ist der Menschheit nie gelungen das heiß ersehnte Perpetuum mobile zu erfinden – so müssen wir hinter dieser Kraft einen bewussten intelligenten **GEIST** annehmen.

Dieser Geist ist der Urgrund aller Materie.

Nicht die sichtbare aber vergängliche Materie ist das Reale, Wahre, Wirkliche (denn die Materie bestünde, wie wir gesehen haben, ohne diesen Geist überhaupt nicht!), sondern der unsichtbare unsterbliche Geist ist das Wahre!

Da es aber Geist an sich allein ebenfalls nicht geben kann, sondern jeder Geist einem **WESEN** zugehört, so müssen wir zwingend **Geistwesen** annehmen.

Da aber auch Geistwesen nicht aus sich selber sein können, sondern geschaffen worden sein müssen, so scheue ich mich nicht, diesen geheimnisvollen Schöpfer ebenso zu benennen, wie ihn alle alten Kulturvölker der Erde früherer Jahrtausende genannt haben: **GOTT**!"

So sehen Sie, meine sehr verehrten Freunde, wie in unseren Tagen, die nicht mehr an den Geist zu glauben vermögen und in bitterer Gottesferne stehen, gerade das Winzigste und Unsichtbare es ist, das das Größte verkündet und die Welt verwandelt. Und wie das Atom der Menschheit die Tür öffnet in die verlorene und vergessene Welt des Geistes.

Ich setze abschließend zu diesem kosmisch-geistigen Weltbild das nun wieder heraufkommen wird mit all seiner Macht, Herrlichkeit und seinem Glanz, noch dieses hinzu:

Als Gott einst die Welten und das Leben schuf, konnte er alle Lebensformen des Pflanzen-, Tier- und Menschenreiches nur **geistig** schaffen! Denn Gott ist reiner Geist, und es kann von Ihm somit nur reiner göttlicher Geist ausgehen!

In den Urzeiten war die ganze Schöpfung auf Erden genauso vorhanden wie heute.

Doch war sie **nur geistig** vorhanden!

Die Geschöpfe waren reine Geistwesen, und erst viel später hat es Gott gefallen, dass diese Geistwesen – welche die Wahrheit und Wirklichkeit der Gottesschöpfung sind – sich mit Stoffkörpern umhüllten.

Diese Stoffkörper aber sind nicht das Wirkliche der Geschöpfe!

Sie sind nur ihre Hülle, ihr Haus, sie sind nur ihre vergänglichen Spiegelbilder. Diese stofflichen, fleischlichen Körper sind nichts anderes und ganz dasselbe was für uns Menschen die Kleider sind.

Im selben Maße, als durch den 24 000-jährigen Gang der Sonne über den Tierkreis dieses Gestirn immer mehr in materielle Felder trat, ist der Geist der Menschen zunehmend verdunkelt und vom Stoffwahn gefangen worden; hat er immer mehr das Wissen von der Urgründigkeit des Geistes verloren und hat er das stoffliche, sterbliche, verwesliche, zu Staub zerfallende Spiegelbild des Leibes für die Wahrheit und Wirklichkeit der Geschöpfe gehalten. Und das Wissen vom Geist und der unsterblichen Wirklichkeit der Geistwesen verloren! Damit aber hat er sich auch immer mehr von Gott entfernt.

Im selben Maße aber, als der Mensch die Wahrheit des Lebens, die Urgründigkeit des Geistes und Gott verloren hat, ist der Mensch immer zerrissener, erdgefesselter, disharmonischer und chaotischer geworden, bis er in jene entsetzliche Finsternis einsank in der er heute lebt und welchen Zustand die alten Ägypter das Grab nannten. Die Sonne ist in dieser Fische-Zeit zum „Totenlicht" geworden, wie sie das Himmelslicht in dieser Zeit nannten.

Wohl liegen wir derzeit noch im Grab des Fischezeitalters [Anm.: *Der Vortrag wurde Mitte des 20. Jahrhunderts verfasst*], in der Finsternis des Stoffwahns und der Gottferne – aber verheißungsvoll beginnt in diese Finsternis bereits ein Licht zu leuchten, das Licht der nahen Wassermannzeit, das, wie wir gesehen haben, durch das Atom die Geistige Welt wieder heraufführt in die lebendige Herrlichkeit Gottes!

Das Atom - Der Schlüssel zur Geistwissenschaft

Um uns über den Sinn dieses Vortrages klar zu werden, müssen wir wissen, was Geistwissenschaft ist.

Geistwissenschaft ist das Gegenteil der landläufigen, abendländischen, materialistischen Wissenschaft.

Diese Wissenschaft ist, wie das Wort sagt, die Wissenschaft von der Materie, vom Stoff.

Die materialistische Wissenschaft sagt: Wir sehen in der ganzen Welt nur **STOFF**. Also ist der Stoff das A und O der Schöpfung.

Doch müssen wir neben diesem Stoff eine **KRAFT** annehmen, denn der Stoff, der an sich bewegungslos ist, zeigt sich in ungezählten, immerwährenden Bewegungen und Tätigkeiten, was nur durch eine Kraft möglich ist. Also besteht die Welt, ja die ganze Schöpfung aus Kraft und Stoff!

Woher Kraft und Stoff aber stammten; woher beide – die an sich unbewusst, unintelligent und somit bestimmungslos sind – diese hohe Intelligenz hatten, die sich in den Wunderbauten und dem weisen Spiel der Lebensfunktionen wies; und wieso diese rätselhafte Kraft kein Ende nahm – wo die Menschen doch wussten, dass es nirgends in der Welt das Perpetuum mobile, die ewige Kraft gab –, über all diese Fragen – welche die Grundfragen alles Forschens sein sollten – ging die Wissenschaft mit dem dumpfen Wort: „Ignorabimus" – „Wir können es nicht wissen" – hinweg!

Auf diesem mehr wie schwachen Boden steht die materialistische Wissenschaft! Sie weiß wohl manches über die Körper, den Stoff, aber sie weiß bis heute – trotz ihres ungeheuren Aufwandes – nicht das Geringste über das Grundlegendste, über „das Leben"!

Da aber gerade in diesen Fragen die Wurzel, das Geheimnis der Schöpfung beschlossen liegt, setzte hier die Geistwissenschaft ein!

Wie schon ihr Name sagt, ist sie die Wissenschaft vom Geiste! Sie ging von folgender Erwägung aus:

Da Stoff und Kraft an sich unintelligent, bestimmungslos und unbewusst sind, so können sie keine Schöpfung aufbauen. Es muss sich also hinter beiden eine bewusste **INTELLIGENZ** befinden, welche sich der Kraft bedient und mit ihr die bewegungslose Materie zu den Wunderformen der Geschöpfe fügt. Die Welt ist gewohnt, diese hohe Intelligenz **GEIST** zu nennen!

Dieser Geist muss, so sehr er auch unsichtbar ist, dennoch das **Wahre**, das einzig **Wirkliche** in der Schöpfung sein! Er, und nicht der Stoff und nicht die Kraft, ist der Urgrund der Schöpfung! Es ist wie bei einem gewaltigen Dom! Nicht die Baumaterialien und nicht die an sich unwissenden Kräfte der Werkleute vermögen den Dom zu bauen, sondern einzig und allein nur der geniale Geist des Dombaumeisters vermag den Dom auszudenken und ihn mittels der Baustoffe und der Kräfte der Werkleute zu bauen.

Diese so zwingend logische Annahme vom Urgrund und der Wirklichkeit des Geistes lehnt die materialistische Wissenschaft bis zum heutigen Tag aufs Heftigste ab.

Einer ihrer bedeutendsten Vertreter, der Forscher und Chirurg Du Boys-Reymond sagte gegen Ende des vorigen Jahrhunderts: „Ich habe hunderte Menschenbrüste aufgeschnitten; ich bin aber nie einer Seele begegnet – also gibt es keine Seele!“

Was ist das für eine enge Ansicht, die sich bis zum heutigen Tag nicht vorstellen kann, dass es neben der grobstofflichen, sichtbaren Welt eine andere, eine feinstoffliche, völlig unsichtbare, also geistige Welt geben könnte! Eine Welt, die so fein ist, dass sie sich unseren Blicken entzieht, wie zum Beispiel die Elektrizität oder der Magnetismus. Und dieses Unsichtbare, dieser bewusste Geist ist der Urgrund und die einzige tatsächliche Realität der Schöpfung, sagt die Geistwissenschaft.

Goethe, einer der größten und universellsten Geister des Abendlandes, bekennt sich in seinen Schriften unzählige Male zur Geistwissenschaft. Jeder von Ihnen kennt sein klassisches Wort, das die überzeugendste Ablehnung des Stoffwahnes der materialistischen Wissenschaft ist:

Daran erkenn ich den gelehrten Herrn,
Was ihr nicht tastet, steht euch meilenfern,
Was ihr nicht wägt, hat für euch kein Gewicht,
Was ihr nicht münzt, das, meint ihr, gelte nicht!

Sehen wir uns nur eine einzige Lebensform, sagen wir ein Tagpfauenauge, an!

Dieses aus Stoff bestehende und von einer immerwährenden Kraft erfüllte Wesen muss fliegen, da es ein Schmetterling ist. Also muss es Flügel haben. Sie sind Lebensnotwendigkeit!

Wenn man sich nun schon keine Gedanken macht, wieso die beiden an sich bestimmungslosen und unintelligenten Faktoren Stoff und Kraft von Flügeln wissen und sie zu bauen vermögen – wenn man das schon ohne jede Beunruhigung als selbstverständlich hinnimmt, obwohl es um alles in der Welt nicht selbstverständlich ist, weil unintelligenter Stoff und ebensolche Kraft es in Ewigkeit nicht vermögen – so ist doch noch tausendmal weniger selbstverständlich dieses zum Fliegen völlig unnotwendige Farbspiel und die wunderbaren Zeichnungen auf den Flügeln! Denn um fliegen zu können, brauchen die Schmetterlinge diese hochkünstlerischen Farbenspiele nicht!

Sie sind vollkommen unnotwendig! Ja, sie sind nahezu gefährlich, da sie das Augenmerk anderer Geschöpfe auf sich lenken! Ein einfarbiges Grau, Grün oder Braun der Flügel wäre viel schützender.

Warum also dies völlig Unnotwendige? Wer spielt sich? Wer ist der unvorsichtige, kunstschwelgende Zeichner? Und warum sind die sämtlichen Flügel aller Schmetterlinge, wenn schon Farben sein sollen, nicht einheitlich gezeichnet und gefärbt? Und wer ist da am Werk? Es muss doch eine ganz hohe Intelligenz sein, da das Muster des betreffenden Schmetterlings durch die Jahrtausende aufs Genaueste beibehalten und weder verwechselt noch vergessen wird!

Nie kann die materialistische Wissenschaft darauf Antwort geben.

Die Geistwissenschaft aber sagt: All diese unlösbaren Rätsel kommen von der im Schmetterling wohnenden hohen Intelligenz, dem Geist. Dieser Geist trägt in Ewigkeit die Lebensgesetze jeder Geschöpfart in sich.

Dieser Geist ist der heimliche Wisser, Berger und ewige Weiterträger des „Artwissens", für das die materialistische Wissenschaft wohl das Wort, nicht aber die Erklärung hat.

Aber so zwingend die Forderung nach dem Geiste, als dem Urgrund aller Schöpfung, auch ist, die materialistische Wissenschaft konnte sich zu seiner Annahme nicht bequemen.

Bei diesem trostlosen Kampf der beiden Weltanschauungen wurde die materialistische Wissenschaft bei der unermüdlichen Durchforschung und Teilung und Wiederteilung des Stoffes durch das Auge des Elektronenmikroskops bis zum **ATOM**, dem letzten Baustein der irdisch-stofflichen Welt, geführt. Und sie erlebte dabei das Unvorstellbare: dass dieses mit dem freien Auge nie zu erfassende letzte Stoffteilchen, dieses Nichts, den gigantischen Riesenkoloss Materie vollkommen zerschlug, das materialistische Weltbild zertrümmerte – und das bis jetzt verfemte, geistige Weltbild der Geistwissenschaft heraufführte!

Es geschah das Unfassbare, dass das unsichtbare Atom die sichtbare Welt als tatsächliche Realität verneinte und den in aller Ewigkeit unsichtbaren Geist als den Herrn der Schöpfung und den Urgrund alles Lebens wies …

Da das Atom von dieser weltumstürzenden Bedeutung ist, wollen wir uns vorerst fragen: Was ist das Atom?

Das Atom ist der zehnmillionste Teil eines Millimeters. Die Forscher sahen unter dem Auge des Elektronenmikroskops, dass dieser winzigste Teil der Materie, dieser Baustein der irdisch-stofflichen Schöpfung, gar keine feste Materie war!

Ja, dass es überhaupt keine Materie gab! Denn dieses winzigste Stoffteilchen, der Urgrund der sichtbaren Welt, bestand aus sieben, acht, neun vollkommen voneinander getrennten Partikelchen, die in rasender **SCHWINGUNG**, in immerwährender Gleichmäßigkeit, um einen Kern kreisten und zu einem mikroskopischen Sonnensystem zusammengehalten wurden – haargenau so wie die Sonne und die Planeten unseres Sonnensystems.

Dieses Erlebnis sagte der Wissenschaft das Ungeheuerliche: Wenn diese geheimnisvolle Kraft aufhören und erlöschen würde, zerfielen die Teilchen, gäbe es kein Atom, gäbe es keinen Urbaustein des Stoffes – gäbe es mit einem Wort überhaupt keine Materie!

Würde die ganze unermessliche, unausdenkbare Wunderwelt von der Urzelle über die Mikrobe bis zum größten Weltallsstern in Nichts zerfallen.

So sahen die materialistischen Gelehrten, dass ihr seit Jahrhunderten fanatisch festgehaltener Glaube von der Wirklichkeit und dem Urgrund des Stoffes Trug, Wahn, Irrtum war und es in Wahrheit überhaupt keinen Stoff gab! Und dass der Urgrund, die wirkliche Wahrheit aller stofflichen Scheinwelt diese geheimnisvolle, ewige und intelligente **KRAFT** war, dieses geheimnisvolle Perpetuum mobile des Weltalls!

Dieses ungeheure Erkennen, dass es Stoff an sich gar nicht gab, stieß ihre ganzen Vorstellungen vom Bau der Welt um. Da es aber eine ewige und intelligente Kraft im ganzen Weltall nicht gab, sie hier im Atom aber dieser geheimnisvollen, weisen Kraft gegenüberstanden, welche die Teilchen des Atoms in zeitlich und räumlich allzeit gleichbleibendem Schwingungsrhythmus hielt, so waren sie zu den Fragen gezwungen:

Was war das für eine überirdische Kraft?

Woher kam sie?

Woher nahm sie ihre Weisheit?

Wieso kam sie zu diesem bewussten Willen, Former des Atoms, des Grundsteins aller stofflichen Erscheinungsform, zu werden?

Und wie kam die Kraft des Atoms zu ihrer Unauslöschlichkeit?

Da es aber weder eine ewige noch intelligente Kraft geben konnte, sondern jede Planmäßigkeit und jeder Wille einem Denken entstieg, alles Denken aber einem Geiste zugehörte, so wurden die Atomforscher in unausweichlicher Zwinglichkeit zu einem Geist als dem Urgrund, dem Schoss dieser geheimnisvollen Kraft geführt. Und so war das letzte Ergebnis ihrer Durchforschung und Ergründung des Stoffes dieses:

Da es keinen Stoff gibt, da er das Ergebnis von Kraft ist; Kraft aber an sich weder ewig noch weise ist, so muss der Urgrund aller Schöpfung der **GEIST** sein!

Und so war die letzte, zusammenfassende Folgerung also diese:

Stoff ist nichts anderes als Geist, der durch die in ihm wohnende Kraft die Urpartikel des Weltalls in Schwingung bringt und diese zufolge seiner Weisheit zum Atom, dem Scheinbaustoff des Weltalls, zusammenfügt.

Damit war das alte Stoffweltbild endgültig zerschlagen und hatten die Gelehrten unfreiwillig das neue Weltbild heraufgeführt, das Weltbild vom Urgrund des Geistes, und hatten ihren alten Feind – die ewige Geistwissenschaft – auf den Thron gehoben!

Der Herr dieses Umsturzes, der Zertrümmerer des materialistischen Denkkolosses und der Neugeburt des uralten, versunkenen Wissens von der Urgründigkeit des Geistes im ganzen Weltall aber war das Nichts – das Atom!

Was in unseren Jahrzehnten der Atomforschung sich offenbart und geschieht, ist so gewaltig, so umstürzend, dass man später von diesen Tagen an die Verwandlung der Welt, die geistige Befreiung und Wiedergeburt der Menschheit und die Auferstehung der ewigen Geistwissenschaft rechnen wird.

Das A und O alles Seins

(aus dem 5. Kapitel des Romans „Der Wunderapostel“)

Uralt ist die Erkenntnis, dass alle Dinge, so mannigfach sie erscheinen mögen, letzten Endes ein und dasselbe sind.

Und dass alle Dinge im tiefsten Urgrunde etwas ganz anderes sind, als sie scheinen, weshalb die alte indische Philosophie die materielle Welt der Erscheinungen als Maja, Täuschung, Wahn bezeichnet.

So höre, was der Geist des alten Indien spricht! Ob dieser Kiesel, ob diese Pflanze, wenn du beide bis in ihre kleinsten Teile zerlegst, die ein Menschenauge noch unter dem Mikroskop zu erfassen vermag, kommst du zum Molekül. In diesem nun ist das Wunder der Welt verborgen. Die Physiker des Abendlandes seit Plato und Aristoteles sind bei ihrer Erforschung von Licht und Elektrizität unentrinnbar zu der Annahme gezwungen worden, dass diese Moleküle noch nicht, wie sie ehemals vermutet, die kleinsten

Bausteine des Weltganzen sind, sondern dass es noch feinere Bau-Urstoffe geben müsse, die weit über alle irdischen Wahrnehmungsfähigkeiten hinausgingen. Und diese bloß spekulativ errungenen und angenommenen Teilchen nannten sie Atome.

Große Seher des alten Indien jedoch haben viele Jahrtausende vorher, lange ehe abendländischen Gelehrten sich dieses tiefe Mysterium zwingend aufdrängte, diese Wahrheit ergründet, die sich in der Kleinheit des Moleküls verbirgt, und es tatsächlich als einen Riesenbau geschaut, der aus jenen winzigen Teilen gefügt war, welche die Wissenschaft in ihren Atomen annahm.

Und als sie ihr von aller Erdenfessel entbundenes Seherauge nun sorgfältig auf dieses Atom richteten und sich in es versenkten, haben sie etwas gesehen, das derart über alle Maßen überwältigend und göttlich war, dass sie auf die Knie fielen. Urweltdonner drang an ihre Ohren und gewaltig war der brausende, tobende Ansturm aus dem Innern dieses winzigen Stäubchens, das erst in hunderttausendfacher Vergrößerung dem Forscher von heute sich offenbart.

So wie einst vor diesen alten Sehern brach in unserer Zeit vor den Augen der Atomforscher das bis dahin angenommene Weltbild zusammen. Sterne zerfielen, Gebirge stürzten ein, Kreaturen lösten sich auf. Das ganze Weltall stürzte ein. Fürchterliche, zerschmetternde Weltendämmerung vollzog sich vor ihren Augen.

Denn was sie sahen, war dieses:

Dieses winzige Pünktchen war kein Pünktchen, das ruhig, fest und geschlossen war, sondern es offenbarte sich ihnen als ein Wunderkügelchen, das sich als ein Sonnensystem erwies, in dem eine Zahl noch unvorstellbar winzigerer Teilchen um einen festen Kern kreisten!

Je aufmerksamer und länger sie sich in dieses Erschreckende versenkten, umso klarer wies es sich ihnen als das mikroskopische Spiegelbild des ihnen vertrauten, großen makrokosmischen Sonnensystems, in dem, ebenso wie in diesem, die winzigen Planetensplitterchen in ewig gleicher, weiser Bahn nach allen Seiten innerhalb des Kügelchens um einen festen Sonnenkern kreisten!

Es mag ihnen lange als Blendwerk aus dem Reich der Dämonen erschienen sein, doch so oft sie auch ihr Seherauge auf das Atom hefteten: Immer offenbarte sich das gleiche Spiel, immer löste sich das Weltkügelchen in ein streng gehaltenes System weise wirbelnder Sterne auf! Und es mag dortmals zum ersten Mal jener Gedanke in ihrem Hirn aufgeblitzt sein, den der große altägyptische Eingeweihte Hermes dann in die

Worte kleidete, die du schon kennst: „Es ist oben wie unten und unten wie oben!“, ahnend, dass alles, ob Sonnenwelt im Makrokosmos-Weltall oder Splitterwelt im Mikrokosmos des Atoms, nach einem einheitlichen Gesetz gebaut ist.

Das Atom, dieses winzige, unter hunderttausendfacher Vergrößerung noch nicht sichtbare Kügelchen, dieser „Baustein des Lebens“, aus dem die ganze Schöpfung zusammengesetzt ist, war nicht fest, war nicht geschlossen, war nicht ruhig, sondern war aufgelöst in eine Zahl wirbelnder, schwingender Teilchen, die in großen Entfernungen innerhalb der Atomhülle kreisten!

Die neue Erkenntnis war:

Es gab keine Ruhe, es gab keine Festigkeit! Alles war Bewegung kleinster, wundersam zu einer Einheit zusammengehaltener Teile!

Zertrümmert war die Welt: Es gab keine feste Masse an sich, das heißt also: Es gibt keine Materie an sich!

Sie sahen immer wieder nur dieses eine: **SCHWINGUNG**!

Die ganze Welt aufgelöst in Schwingung!

Tief beugten sie ihr Haupt. Sie waren in die geheimnisvolle Werkstatt Gottes vorgedrungen.

Und je mehr sie sich staunend in dieses Wunder, das die ganze Welt verwandelte, versenkten und ihm nachsannen, umso mehr wurde ihnen klar, dass auch Schwingung nicht das letzte Geheimnis, nicht der letzte Urgrund der Schöpfung sein konnte!

Denn es gab auch keine Schwingung an sich!

Jede Schwingung muss hervorgerufen werden durch eine **KRAFT**!

Oh, wie viele Kräfte kannten sie nicht! Die Kraft der Fäuste, die Kraft des Sturmes, die Kraft des strömenden Wassers. Aber all diese Kräfte erschöpften sich einmal. Die Faust wird müde, der Sturm erstirbt, das Wasser versiegt.

Wenn also nun diese geheimnisvolle Kraft im Atom aufhörte, erlosch, welche diese winzigen Splitterchen so planvoll kreisen lässt und zusammenhält, dann würde das Atom in nichts zerfließen! Denn das Atom ist nur das Produkt dieser Kraft.

Wenn aber die Atome zerflössen, dann müssten sich die Moleküle auflösen, dann würden die Leiber der Geschöpfe und der Gestirne zerfallen, dann müsste die ganze bunte Erscheinungswelt vergehen, dann müssten die Sterne der Blumen ebenso vergehen wie die Sterne des Himmels und in das unsichtbare Meer des Nichts zerrinnen. Dann würde sich alles auflösen in das Meer des Urbaustoffes, des Weltäthers.

Hier aber war eine Kraft, die ewig war! Was war das für eine Kraft? Woher kam sie? Woraus stieg sie? Wer löste sie aus? Woher nahm sie ihren Antrieb?

Denn es gibt keine Kraft an sich! Und erst recht keine ewige Kraft! Das wäre das heißumdachte Perpetuum mobile.

Hinter jeder Kraft muss ein Etwas stecken, das sie wachruft, sie auslöst, in Bewegung bringt: ein **WILLE**!

Und ihr fiebernder Geist grübelte weiter: Wenn es also Stoff an sich nicht gab, sondern er nur der täuschende Ausdruck konzentrierter, schwingender Energie war, und diese Kraft von einem Willen erzeugt werden musste, wo stammte dann der Wille her?!

Denn es gab ebenso wenig einen Willen an sich!

Jeder Wille muss einer denkenden, wollenden Intelligenz, also einem **GEIST** entstammen!

Das zeigte die ganze Schöpfung vom Größten bis zum Kleinsten! Jeder Planetenlauf in seiner wohldurchdachten Bahn und seiner nicht minder weisen Umlaufzeit; der Wunderbau eines menschlichen Körpers, allein nur der eines Auges; ja schon die Gliederung eines einzigen Ameisenbeines wies unendlich viel Weisheit, Kenntnis und Erwägung auf. Alles Geschaffene war ein sinnvolles, planmäßig geordnetes Bauwerk, ein Wunderwerk, das nie aus sich selber sein könnte. All diese weisesten, wohldurchdachtesten Wunderwerke setzen **GEDANKEN** voraus, ein tiefes, weltumspannendes, weises Denken! Gedanken aber konnten nur und mussten einem Geist entsteigen.

So war also auch die Annahme, dass Stoff verdichtete Kraft sei, nicht aufrechtzuerhalten! Denn wenn Kraft nur der Ausdruck eines wollenden Geistes war, dann war Stoff nichts anderes als sich auswirkender und offenbarender Geist!

Stoff an sich war Trug. Kraft an sich war Schein. Es gab nur eines: Geist! Geist war der Grund aller Dinge. Geist war der Herr des Weltalls!

So wenig es aber Schwingung, Kraft, Wille an sich gab, so wenig gibt es Geist an sich.

Jeder Geist muss einem **WESEN** zugehören!

Wir kennen unzählige Wesen. Die ganze Schöpfung wimmelt von Wesen. Von diesen Atomwesen aufwärts über Mikroben, Mücken, Blumen, Tiere, Menschen bis hinauf in die unermesslichen Engelchöre der Gestirne. Alles im ganzen Weltenraum: Wesen, Wesen!

Aber diese großen Seher, die so tief in den Urgrund des Lebens und der Schöpfung hineingedrungen waren, wussten, dass es auch keine Wesen aus sich selber gab!

Da begann es ihnen vor den Augen schwindlig zu werden, Lichtglanz brach in sie, der sie zu blenden drohte, und es war ihnen, als ob sie Engelsfittiche um ihre Ohren rauschen hörten. Denn ihr Geist war in Bezirke vorgedrungen, die sie mit ehrfürchtigem Erschauern erfüllten: Sie standen vor dem Thron jenes großen, unausdenkbaren, unermesslichen Wesens, das Vater und Mutter aller Geschöpfe, der Schoß aller Schöße war und das nie ein Menschenauge geschaut hat und nie ein Menschengeist erfassen wird. Sie standen vor **GOTT**!

GOTT also ist das A und O alles Seins.

Und da Sein Geist in allem voll und ganz west, jede Form durch Ihn und aus Ihm ist, konnte ich eingangs zu dir sagen, dass ich in diesem Kiesel und dieser Wegwarte Gott selber in Händen hielt.

Bericht über mein Schaffen und meine Entdeckungen

Da Wissenschaft und Religion im Laufe der Jahrhunderte immer tiefer in den Materialismus versanken und den Kontakt mit dem lebendigen Leben des Kosmos, also mit der All-Einheit verloren haben, so ist der Kreis der Menschen, die von dieser seelenlosen Weltanschauung abgestoßen wurden und nach neuer Vergeistigung des Weltbildes, also der Schöpfung und des Lebens, streben, ein immer größerer geworden, der besonders seit den beiden Weltkriegen in die Hunderttausende und in Europa in die Millionen von Menschen geht.

Alle diese Menschen streben aus dem Chaos unserer Tage und der Seelenlosigkeit der Zeit nach Verinnerlichung, grübeln nach dem „Sinn des Lebens" und des Weltgeschehens und suchen nach Erlösung, Halt und einem „Weg", der zu dieser Erlösung und innerer Klarheit führt.

Sie alle ringen also nach Schöpfungs-, Lebens- und Seins-Erkenntnis.

Diese Erkenntnis aber kann weder Religion noch materialistische Wissenschaft geben.

Diese kann nur die transzendentale Betrachtung des Seins und der Schöpfung oder um landläufig zu sprechen: diese Aufhellung des Sinnes des Lebens kann nur [...] die Mystik oder um es erschöpfend zu sagen, nur die Kosmosophie geben.

Sie ist der Schrei von Hunderttausenden, von Millionen der tiefsten und wertvollsten Menschen der Völker – denn nur der tiefe, innerlich reife Mensch ringt um den „Sinn des Lebens“!

Werke, welche den Sinn des Lebens aufhellen, den Schleier der Maja lüften, das verschleierte Bild zu Sais enthüllen, uns zum „Brunnen des ewigen Lebens“ führen und den „Gang zu den Müttern“ ermöglichen, sind in dieser Zeit des völligen Zusammenbruches des Christentums und der abendländischen Kultur von dringendster und entscheidendster Notwendigkeit für den „Innen-Aufbau“ der Menschheit, die am Rande des Abgrundes steht und sich entscheiden muss, ob sie selber den „Untergang des Abendlandes“ heraufführen oder sich aus ihrem Wahn und ihrer entsetzlichen inneren Armut lösen und einen neuen „Aufgang der Menschheit“, einen neuen „Völker- und Menschheits-Frühling“ herbeiführen will.

Das aber ist nur denkbar durch eine Rückkehr zu den ewigen „Urgründen alles Seins", durch Lösung aus dem trostlosen Irrwahn der Stoffanbetung, die uns nur in Not und Barbarei gebracht hat, und durch eine völlige Neugeburt und Eingeburt in die ewige kosmische Urreligion aller Völker der Menschheit. Oder anders gesagt: in das ewige und in aller Ewigkeit unveränderliche „Urwissen der Menschheit".

Denn so wie die Menschheit nur von der Sonne leben kann und diese Sonne in aller Zeit dieselbe bleibt, wie sehr sich die Menschen auch geistig verändern mögen, ebenso ist jene andere Sonne, die geistige Sonne, ich meine damit das „Ewige Menschheits-Urwissen", die Schöpfungs-, Lebens- und Seins-Erkenntnis: die Kosmosophie, ewig und immer die gleiche!

Es gibt in Ewigkeit keine neuen und verschiedenen Erkenntnisse oder Schöpfungs- und Lebenswahrheiten!

Es gibt in aller Ewigkeit nur **eine Wahrheit**, von der die Menschen mehr oder weniger oder ganz sich entfernen können, so wie in unserer heutigen Zeit.

Aus dieser ewigen Urerkenntnis erblühten alle Hochkulturen der Völker der Erde.

Sie ist der ewige Lebensboden der Menschheit. Nur mit dieser „Menschheits-Urreligion", dieser kosmisch-mystischen Erkenntnis ist ein kommender Geistaufstieg und eine kulturelle Wiedergeburt der Völker des Abendlandes möglich. Ohne sie gibt es nur weiteres, schleichendes Siechtum oder den Untergang.

So gibt es also für das gesamte Abendland nur einen „Größten Belang“ und das ist die Wiederkehr und Wiederbringung dieses „Ewigen Menschheits-Urwissens“, dieser „ewigen Menschheits-Urreligion“, und das Sich-Wieder-Zu-Eigen-Machen dieser ewigen Urerkenntnis von Schöpfung und Leben und die bewusste Eingebärung in sie.

Wer diese Bücher schreibt, welche diese **verlorene** Erkenntnis wiederbringen, wird die notwendigsten und zeitlosesten Bücher bringen, die heute, morgen und in hundert Jahren ebenso aktuell, notwendig und entscheidend sein werden wie am ersten Tage des Erscheinens.

Die europäischen Völker haben dieses Menschheits-Urwissen ebenso besessen wie Ägypter, Chinesen, Babylonier, Inder, Griechen, Mexikaner, Peruaner, Germanen und Früh-Christen.

Aus diesen Urwissen ist die mittelalterliche, abendländische Hochkultur der Architektur, Bildhauerei, Malerei, Dichtkunst und mystischen Religion entsprossen.

Und dieses Urwissen, das kosmo-biologisch ist, und deshalb dem immer mehr im Dogmatizismus erstarrenden Christentum als heidnisch und feindlich erschien, wurde von den „Wissenden" darum heimlich gehütet und nur von Mund zu Mund weitergegeben.

Aus diesem Urwissen erwuchsen die romanisch-gotischen Dome ebenso wie die unsterblichen Plastiken, ein Nibelungenlied und der Parsival Wolfram von Eschenbachs ebenso wie die unvergänglichen Werke Albrecht Dürers oder Leonardo da Vincis und vor allem der höchste, erhabendste und edelste Geistschatz der abendländischen Seele: die Gralssage.

Aus diesem Urwissen erwuchsen die Geistgrate eines Kepler, Newton, Böhme und Paracelsus.

Der magisch-geheimnisvolle Name für dieses Urwissen, diese kosmische Urerkenntnis war im Mittelalter: – **BAUHÜTTEN-GEHEIMNIS**:

Dieses Wissen der Bauhütten-Meister ist uns also in Architektur, Bildhauerei, Malerei, Dichtkunst und christlicher Mystik vermacht. Aber es ist uns nicht augenfällig, sondern geheim und verschleiert überkommen. Und zwar in der Form unvergleichlicher Tarnung: – einer überwältigend weisen und hochkünstlerischen, geheimnisvollen **Symbolik**.

Wer den Schlüssel zu dieser Symbolik zu

finden vermag, der vermag der abendländischen Menschheit ihr Höchstes, Wichtigstes und Lebensentscheidendstes zu geben: – der vermag sie zum „Brunnen des ewigen Lebens“ zu führen, und ihr dadurch die „ewige Menschheits-Urreligion“ wieder zu geben. Er leitet damit die Auferstehung und Wiedergeburt der abendländischen Menschheit ein!

Dieses Wirken trägt die Entscheidung der Zukunft in sich. Von der Kirche her ist diese Umkehr und Erneuerung ebenso wenig möglich, denn sie ist erstarrt, wie auch nicht von den stoffgefangenen Wissenschaften her, denn ihr höchster Triumph ist die luziferische Atombombe, und nicht minder ist die Erlösung denkbar aus der völlig erdgebundenen Staatskunst der Politik.

Die Erlösung und der Aufstieg der Menschheit sind nicht aus all diesen Sparten des Materiellen möglich, sondern nur aus der einen einzigen Sparte des Geistigen – des Kosmisch-Geistigen!

Führt nun die Wiederbringung dieses Menschheits-Urwissens zu einer Feindschaft mit dem Christentum, der Religion des Abendlandes, und zu einer Beunruhigung des christlichen Menschen?

Nein! Und abermals Nein!

Es bringt nicht im Leisesten eine feindliche

Störung, sondern eine Vertiefung und Erlösung des Christentums aus seiner materialistischen Fesselung.

Und bringt somit nicht eine Beunruhigung, sondern eine befreiende, aufhellende Beglückung des christlichen Menschen.

Denn diese ewige Menschheits-Urreligion ist nicht christentum-feindlich, sondern etwas Christentum-freundliches: Denn sie verwandelt das gebundene, materielle Christentum in das freie, bewusste kosmische Christentum!

Dieses „Kosmische Urwissen“ wird eine ungeheure neue Blüte des Christentums bringen, so wie in den Tagen des Urchristentums, der glühenden mittelalterlichen Mönche, der Mystik und des riesenhaften Europa überschattenden Bauhütten-Frühlings!

Denn diese „Kosmo-Biologie“, die gleichermaßen in allen Religionen der Menschheit steckt, ist ebenso der Lebensboden, der Lebenskern jeder Religion, wie die Sonne der Lebensboden und die gemeinsame Mutter aller Völker der Erde ist.

Aus dieser kosmischen Urerkenntnis, dieser „geistigen Urwurzel“ sind alle Religionen der Erde entsprossen und somit in diesem Urgrund miteinander verwandt.

Nur in den Bildern, Gleichnissen und Symbolen sind sie verschieden, so wie jedes Volk der Erde von einer anderen Stärke der gleichen Sonne bestrahlt wird.

Dieses kosmische Menschheits-Urwissen wird also nicht nur zur religiösen – und daraus erwachsend zur hohen ethischen – Erhebung und Verlebendigung führen, sondern auch jenen heißgesuchten Boden geben für die so sehnlichst angestrebte, endliche Verständigung aller Völker der Erde untereinander. Das ist Zukunftsmusik für Jahrhunderte – aber es ist die Wahrheit! Die einzige Wahrheit! Auf einem anderen Boden ist Erlösung aus der Not und dem Irrwahn des Materialismus, auf einem anderen Boden ist Erweckung und Wiedererblühen eines bewussten Christentums und Wiedererstehen einer hohen, menschheit-durchglühenden und -tragenden Ethik nicht denkbar. Und auf einem anderen Boden ist die endliche Völkerverständigung und der so blutend ersehnte Völkerfrühling und Menschheitsfrieden nicht erreichbar.

Alles dieses, was das heiligste Gut und das höchste Ziel der Menschheit ist, ist nur aus dem verschütteten, gänzlich verloren gegangenen „kosmisch-biologischen Urwissen der Menschheit“ möglich!

Kein wahrer Gelehrter, Priester, Philosoph und Staatsmann wird dem widersprechen.

Ebenso könnte er sagen, die Menschheit bedürfe der Sonne nicht zum Leben.

Die Bücher, die durch Jahrhunderte über das kosmische Geist-Wissen geschrieben worden sind, sind Legion! Unendlich viele dieser Bücher sind flüchtig, oberflächlich und seicht. Sehr viele sind verschleiert, verborgen und zu schwer, so wie die Werke des Giganten Paracelsus. Und viele andere wieder sind derart abstrakt oder trocken gelehrt, dass die breite Masse an sie nicht herankann.

Und fast jedes dieser Werke bringt nur einen kleineren oder größeren Teil dieser Materie.

Keines aber bringt das Wichtigste: jene Auszüge und Zusammenstellungen aus dem riesenhaften Urschatz, die klar, verballt und lückenlos **das** ergeben würden, was ich „den **WEG**" nennen möchte.

Jenen Weg, den jeder lichtsuchende Mensch klar und lückenlos gehen kann, um am Ende ein sehender, wissender, bewusst lebender, kosmischer Mensch zu werden.

Diese Werke müssen aus der unausschöpfbaren Fülle der Materie streng gesichtet **das** herausheben, was das „Urgerüst" dieses kosmischen Weltwissens ist und somit den „Weg", also das Erkenntnisgut für die innere Entwicklung zum kosmisch-geistigen Menschen liefert.

Der Leser muss durch diese Werke das erhalten, was man bei den alten Kulturvölkern den „**EINWEIHUNGSWEG**“ der Priesterschulen nannte. Zu diesem Zwecke darf die Darstellung nicht in abstrakter, wissenschaftlich-trockener Form erfolgen, sondern muss mit den Mitteln der dichterischen Sprache und der Popularität geoffenbart werden.

Das Bringen dieses streng nur auf den Einweihungsweg Bemessenen ist das völlig Neue auf dem Riesengebiet der okkulten Literatur.

Dieser Einweihungsweg ist das Fundament jeder Religion, doch in unerhört verschleierter, symbolischer Form.

Meine Bücher werden diese Schleier heben und die Schlüssel bringen.

Diesen Weg haben die europäischen magischen Meister, die unsterblichen abendländischen Bauhüttenmeister, und die großen Eingeweihten der Völker der Erde uns in verschiedensten wunderbarsten und erhabensten Offenbarungen in tief geheimnisvollen verschiedenen Symbol-Äußerungen hinterlassen.

Die europäischen Universitäten suchen dieses Geheimnis seit fast einem halben Jahrtausend, haben aber weder die Schlüssel zu den Symbolen noch den hinter diesen Vermächtnissen sich verbergenden „Einweihungsweg“ entdeckt.

Nach fast zehnjähriger Forschung ist es mir gelungen, Schlüssel und Weg zu entdecken, und somit vermag ich dieses ewige und heiligste Urgut der Menschheit: das „Bauhütten-Geheimnis“, auf dem die ganze Kultur des Abendlandes steht, unserer nothaften Zeit wiederzugeben.

Ich weiß, dass diese Behauptung befremdlich klingen muss. Aber jeder Bahnbrechende wird anfangs immer bezweifelt und beargwöhnt. Das ist das Los jedes Neuen. Es ist nur zu sagen: dass dieses Größte der Menschheit nicht von mir gedacht und geschaffen ist. Ich habe es bloß wiedergefunden, aus seiner Verschüttung gehoben und stelle es neu vor die Menschen hin.

Irrtum und frommer Wahn sind nicht möglich, denn die abertausende von Vergleichen an ungezählten Objekten zeigen mir immer wieder, wie eines sich mit dem anderen deckt, und das andere: dass die Symbole der verschiedensten Gebiete einander immerzu bestätigen und sich zur riesenhaften Einheit zusammenschließen.

Ich werde diesen „Einweihungsweg“ in einer ganzen Zahl von Werken aus stets neuen Gesichtswinkeln und Kunstgebieten aufzeigen. Der Leser wird zum Schluss mit Erschauern sehen, wie alle Kunst- und Geistgebiete in den bewusst gelebten Frühzeiten nur diesem **Einen** und Höchsten gedient haben: – der Aufzeigung und Offenbarung des „geistigen Entwicklungsweges der Menschen".

= = = = = = =

Mein Schaffen begann 1921, ist in einigen hunderttausend Exemplaren verbreitet und trug mir über sechzigtausend Briefe aus allen fünf Erdteilen ein, die mir alle Altersstufen, alle sozialen Stände und alle Bildungsgrade schrieben. Seine Reihenfolge ist diese:

Der Bauernstudent:
Heimat- und Entwicklungsroman. Meine Kindheits- und Jugendgeschichte. (Dichtung und Wahrheit)

Der Sonnenbruder:
Einführung zu innigstem Naturerleben. Die Literaturkritik behauptet, dass es der schönste Landstreicher-Roman sei. (Er erzählt von meinem zweijährigen Leben auf der Landstraße)

Der Wunderapostel:
Dieses Buch ist die Fortsetzung des Sonnenbruders, kann aber auch getrennt von diesem

gelesen werden. Es reißt in Form eines Romanes das ganze kosmisch-mystische Weltbild auf. Mit diesem Buch habe ich im Jahre 1923 den Weg des Okkulten und Mystisch-Kosmischen beschritten und durch ein viertel Jahrhundert diese transzendentale Welt durch alle nachfolgenden Werke geoffenbart.

Der Sang des Ewigen:
Ein okkultes, kosmisches Epos, in welchem die Gottheit die Weisheit, Macht und Herrlichkeit ihrer Schöpfung offenbart.

Die Zwei und ihr Gestirn:
Ein astrologischer Roman, der in Schottland, Italien und Ägypten spielt und in sehr bunter Handlung anhand von Astrologie und Horoskopie die Probleme von Zufall oder Schicksal, Unsterblichkeit, Karma und Wiedergeburt aufzeigt.

Frühling im Dorf / Sommer im Dorf:
Der Untertitel dieser beiden Bücher heißt: „Tagebuch eines Besinnlichen". Die Natur und das Menschenleben werden von ihrem kosmisch-geistigen Lebensurgrund aus betrachtet und geoffenbart und der Mensch hineingeführt in den tieferen Sinn des Seins.

Die Neugeburt der Ehe:
Die drei Riesenprobleme der Menschheit, die Glück und Gedeihen sowohl des einzelnen Menschen wie des ganzen Volkes entscheidend bestimmen, nämlich: Liebe, Ehe und Zeugung werden in ihrem tiefen kosmischen Sinn und ihren verborgenen kosmischen Gesetzmäßigkeiten enthüllt und aufgezeigt.

Der seltsame Weg des Klaus Einsiedel:
Dieser Roman ist meine genaue Lebensgeschichte und die Geschichte meines Geschlechtes. (Ebenfalls viel kosmisches Erkenntnisgut hineingewoben).

Der Edelen Not:
Untertitel: „Vision um die Naumburger Figuren". In Form einer Erzählung eine dichterische Sinndeutung der weltberühmten, unsterblichen Naumburger Sandsteinfiguren.

= = = = = = =

Ungedruckt liegen vor:

Das Weltnotspiel:
Ein mittelalterliches Mysterien-Spiel.

Die Verwandlung des Königs:
Ebenfalls Bühnenstück und zwar ein Weihnachts-Mysterium, das die Überwindung der materialistischen Weltanschauung und die Hineingeburt in die geistige Welt zum Inhalt hat, also das Geheimnis der Wiedergeburt des Menschen im Sinne der Worte Christi beim Nachtgespräch zu Nikodemus aufzeigt.

Damit ist die erste Schaffensperiode meines Lebens abgeschlossen. Die zweite Periode, die nun beginnen wird, ist bestimmt durch die Entdeckung des BAUHÜTTEN-GEHEIMNISSES; also des Menschheits-Urwissens, dessen Gestaltung mindestens 10 – 12 Werke umfassen wird, von denen jedes völlig in sich abgeschlossen ist. Diese Werke werden die seit Jahrhunderten versunkene, kosmisch-bewusste Weltanschauung, aus der die ganze Hochkultur des frühen christlichen Mittelalters wuchs, wieder herausheben.

Über den Autor

Hans Sterneder (1889-1981) war ein bekannter österreichischer Schriftsteller, dekoriert mit einem Ehren-Professor-Titel und dem höchsten Orden für Kunst und Wissenschaft I. Klasse. Er verfasste Entwicklungs- und Einweihungsromane, Mysterienspiele und spirituelle Sachbücher, war Mitglied im österreichischen P. E. N., galt als „Künder und Deuter des menschlichen Urwissens" und ist einer der großen Wegbereiter moderner Spiritualität.

Die Kritik reagierte nahezu euphorisch auf Sterneders erste Romane und stellte ihn auf eine Stufe mit Adalbert Stifter, Gerhard Hauptmann oder Gottfried Keller. Sie bezeichnete ihn als einen intuitiven Dichtergeist, als ein Stück Thoma in der Dichtkunst und zählte seine Werke zu den schönsten und wertvollsten ihrer Zeit. Der Schriftsteller Ludwig Huna schrieb über Sterneders Einweihungsroman „Der Wunderapostel": „Dieses Werk hat einen namenlosen Reichtum in meine Seele gelegt und ich werde zeitlebens von seinen Schönheiten und Weisheiten nicht loskommen."

Neben seiner literarischen Kraft beeindruckt vor allem Sterneders spirituelle Gedankentiefe. Die Wiener Volkszeitung bezeichnete ihn einmal als „dithyrambischen Schwelger in Gott-Geist" und das Biographisch-Bibliographische Kirchenlexikon (BBKL) nennt ihn einen „bedeutsamen Anreger für das religiöse Leben". Andere nannten ihn einen Künder und Deuter des Menschheitsurwissens und einen Wegweiser zum Urquell aller Weisheit, Schönheit und Liebe. Er selbst sah seine Aufgabe als Dichter darin, „Kunst mit Erkennen zu vermählen und zu vereinen [...], die Kunst als edles Gefäß benützen, das ich mit dem Wein kosmo-biologischer Erkenntnis gefüllt habe".

Das Hauptanliegen im literarischen Schaffen Hans Sterneders war die Vermittlung von Lebenserkennen, die Rückweisung des Menschen zu seinem Ursprung und Schöpfer und die Darlegung des Urwissens rund um den Sinn des Lebens und die Existenz Gottes.

Hans Sterneder im Eich-Verlag

Der Bauernstudent
Heimat- und Entwicklungsroman
Hardcover, 362 Seiten

Der Sonnenbruder
Landstreicherroman
Taschenbuch, 326 Seiten

Der Wunderapostel
Einweihungsroman
Taschenbuch, 470 Seiten

Die Zwei und ihr Gestirn
Astrologischer Roman
Hardcover, 320 Seiten

Der Sang des Ewigen
Das Hohelied der schöpferischen Urkraft
Hardcover, 64 Seiten

Frühling im Dorf
Tagebuch eines Besinnlichen
Taschenbuch, 209 Seiten

Sommer im Dorf
Tagebuch eines Besinnlichen
Hardcover, 408 Seiten

Die Neugeburt der Ehe
Ein spiritueller Blick auf Ehe und Partnerschaft
Taschenbuch, 177 Seiten

Der seltsame Weg des Klaus Einsiedel
Autobiographischer Roman
Hardcover, 380 Seiten

Der Edelen Not
Vision um die Naumburger Figuren
Hardcover, 96 Seiten

Tierkreisgeheimnis und Menschenleben
Die kosmische Ergründung des Lebens
Hardcover, 512 Seiten

Die große Verwandlung
Mysterienspiel über den Einweihungsweg
Hardcover, 128 Seiten

Also spricht die Cheopspyramide
Einweihungsroman
Hardcover, 192 Seiten